IN ZIJN VOETSPOOR

Charles M. Sheldon

IN ZIJN VOETSPOOR

Wat zou Jezus doen?

g

IN ZIJN VOETSPOOR

Oorspronkelijke titel: In His Steps
Copyright © 1983 Nederlandse vertaling: Gideon
Auteur: C.M. Sheldon
Vertaling: Marian Muusse-de Pater
Omslagillustratie: Cees Oosterwijk
Omslagontwerp: David Sörensen
Jaar van uitgave: november 1983
13e druk: januari 2015
Uitgave: Gideon, Hoornaar, Nederland

ISBN 978-90-6067-258-5
NUR 707

Inhoud

1
De werkloze zwerver

Het was vrijdagochtend, en dominee Henry Maxwell probeerde zijn preek voor de zondagochtend af te maken. Hij was al verschillende malen gestoord, en naarmate de ochtend vorderde, werd hij meer gespannen. Langzaam kwam hij tot een einde waar hij tevreden over was.

'Mary,' riep Henry naar zijn vrouw, terwijl hij de trap op liep nadat hij nogmaals was gestoord, 'als er nu nog iemand komt, wil je dan zeggen dat ik het erg druk heb en dat ik alleen naar beneden kan komen als het erg belangrijk is?'

'Ja, Henry, maar ik ga zo naar de kleuterschool. Dan ben je dus alleen thuis.'

Dominee Maxwell ging zijn studeerkamer in en deed de deur dicht. Even later hoorde hij zijn vrouw weggaan, en daarna werd alles rustig. Met een zucht van opluchting ging hij aan zijn bureau zitten en begon te schrijven. Als thema voor de preek had hij 1 Petrus 2 vers 21 gekozen: 'Want hiertoe zijt gij geroepen, daar ook Christus voor u geleden heeft en u een voorbeeld heeft nagelaten, opdat gij in zijn voetstappen zoudt treden.'

In het eerste gedeelte van zijn preek had hij benadrukt dat de verzoening was bewerkt door een persoonlijk offer; hij wilde er de aandacht op vestigen dat Jezus zowel tijdens zijn leven als tijdens zijn sterven op verschillende manieren had geleden. Vervolgens had hij voorbeelden aangehaald uit het leven en de toespraken van Jezus, om aan te tonen hoe

men behouden kon worden door geloof in Christus. En nu
was hij toegekomen aan het derde en laatste punt, waarin
hij wilde zeggen dat het nodig was om Jezus' offervaardig-
heid en voorbeeld na te volgen.

Hij had opgeschreven: 'Drie stappen. Welke zijn dat?'
Hij wilde ze juist in een logische volgorde plaatsen toen het
doordringende geluid van de bel klonk. Maxwell fronste
zijn wenkbrauwen. Hij maakte geen aanstalten om open te
doen. Maar niet lang daarna werd er opnieuw gebeld. Toen
stond hij op en liep naar één van de ramen vanwaar hij de
stoep kon zien. Er stond een man voor de deur, een jonge
man. Hij was heel armoedig gekleed.

'Het lijkt wel een zwerver,' dacht Maxwell hardop. 'Ik zal
toch maar naar beneden gaan en...'

Hij maakte zijn zin niet af, liep de trap af en deed de voor-
deur open. Het was even stil, terwijl de twee mannen elkaar
aankeken. Toen zei de vreemdeling:

'Ik heb geen werk, meneer, en ik dacht dat u me misschien
ergens aan zou kunnen helpen.'

'Ik weet niets voor u. Er is weinig werk...' antwoordde
Maxwell en begon langzaam de deur dicht te doen.

'U hebt veel relaties, misschien kunt u me in contact brengen met de chef van de spoorwegen hier, of met de baas van
de werkplaats bij het station of met iemand anders?' hield
de vreemdeling aan, terwijl hij zenuwachtig zijn vale hoed
van de ene hand in de andere nam.

'Dat zou geen zin hebben. Neemt u mij niet kwalijk, maar
ik heb het erg druk vanmorgen. Ik hoop dat u iets zult vinden. Het spijt me dat ik u niet kan helpen. Ik heb alleen maar
een paard en een koe. Ik doe al het werk zelf.'

Maxwell deed de deur dicht en hoorde hoe de man langzaam de straat uit liep, zijn hoed in zijn handen. Hij zag er zo

verlaten en neerslachtig uit. Iets in hem maakte dat hij even aarzelde terwijl hij stond te kijken. Toen liep hij weer naar zijn bureau en begon met een zucht verder te schrijven.

Hij werd niet meer gestoord. Toen zijn vrouw twee uur later thuiskwam, was de preek af en had hij de losse bladen netjes gebundeld. Ze lagen in zijn Bijbel klaar voor de dienst van zondagochtend.

'Er gebeurde iets vreemds vanmorgen op de kleuter-school, Henry,' zei zijn vrouw, terwijl ze zaten te eten. 'Zo-als je weet, was ik er met mevrouw Brown naartoe gegaan. Net nadat de spelletjes afgelopen waren en de kinderen weer in hun bankjes zaten, ging de deur open en kwam er een jongeman naar binnen, met een vuile hoed in zijn hand. Hij ging vlak bij de deur zitten en zei helemaal niets; hij keek alleen maar naar de kinderen. Je kon duidelijk zien dat het een zwerver was. Juffrouw Wren en juffrouw Kyle waren in het begin een beetje bang, maar hij zat daar heel rustig, en na een paar minuten ging hij weer weg.'

'Misschien was hij moe en wilde hij ergens uitrusten. Volgens mij heeft diezelfde man hier aangebeld. Zei je dat hij eruitzag als een zwerver?'

'Ja, hij zat onder het stof en zag er heel sjofel uit. Echt een zwerver. Ik denk dat hij een jaar of dertig was.'

'Dezelfde man,' zei Henry bedachtzaam.

'Heb je je preek af?' vroeg Mary na een korte stilte.

'Ja, hij is helemaal klaar. Ik heb een drukke week gehad. Die twee preken hebben veel tijd gekost.'

De Grote Kerk in Raymond vond het belangrijk om het allerbeste koor te hebben. Het kwartet dat deze ochtend zong, was dan ook een bron van vreugde voor iedereen in de kerk. Het bracht een inspirerend loflied ten gehore.

Jezus, ik heb mijn kruis opgenomen.
Ik verlaat alles om U te volgen.

De inhoud van de liederen paste bij de preek, en de nieuwe melodie van het lied was prachtig bewerkt. Vlak voor de preek zong de sopraan een solo.

Ik zal Hem volgen,
Waar Hij mij ook leidt,
Ik volg Hem, heel de weg.

Rachel Winslow heette ze. Ze zag er die ochtend heel mooi uit, zoals ze voor het koorhek stond waarin het kruis en de kroon waren uitgesneden. Haar stem was nog mooier dan haar gezicht en dat wilde heel wat zeggen. Terwijl ze opstond, keek heel de gemeente haar vol verwachting aan. Meestal liet dominee Maxwell haar voor de preek zingen. Hij werd er altijd door geïnspireerd, zijn preken kregen er kracht door.

Hij hield ervan om in de Grote Kerk te preken. Hij sprak zelden in een andere kerk. Hij zag er altijd naar uit om 's zondags op zijn eigen preekstoel te staan. Hij vond het geweldig om een half uur lang voor een volle kerk te staan en te merken dat er naar hem geluisterd werd. Hij was op zijn best voor een gemeente zoals die nu tegenover hem zat en op een mooie ochtend als vandaag. Hij was diep tevreden.

De kerk was de grootste van de stad en het kerkkoor was het beste van de stad. De gemeenteleden kwamen uit rijke families, hadden goede posities in de maatschappij en behoorden tot het intellect van Raymond.

De preek van die ochtend was interessant, doorspekt met pakkende zinnen. Dominee Maxwell sprak de woorden met theatrale passie, zonder iemand te beledigen door een tirade of donderpreek. Niet alleen Maxwell voelde zich die ochtend goed, ook de gemeenteleden waren tevreden met hun geleerde dominee die geanimeerd kon preken, zonder al die ordinaire, luidruchtige of onaangename maniertjes.

Plotseling werd deze volmaakte harmonie tussen predikant en toehoorders op een opmerkelijke manier verstoord. Het zou moeilijk zijn om weer te geven hoe groot de schok was die deze verstoring veroorzaakte. Hij kwam zo onverwacht, zo volkomen in strijd met welke gedachte van de aanwezigen dan ook, dat hij geen ruimte bood voor discussie of, voorlopig tenminste, voor tegenstand.

De preek was afgelopen. Henry Maxwell had juist de Bijbel over de beschreven vellen papier heen gelegd en stond op het punt te gaan zitten. Het kwartet maakte zich klaar om het laatste lied te zingen, toen de gemeente werd opgeschrikt door een mannenstem. De stem kwam achter uit de kerk, vanonder het balkon. Er kwam een man uit de schaduw, die door het gangpad naar voren liep. Voordat het goed tot de verbaasde gemeente doordrong wat er gebeurde, had hij de open ruimte voor de preekstoel bereikt en zich omgedraaid, zodat hij met zijn gezicht naar de mensen stond.

'Sinds ik hier binnen ben gekomen,' zei hij, 'heb ik me afgevraagd of het wel goed zou zijn om het één en ander te zeggen na afloop van de dienst. Ik ben niet dronken, ik ben niet gek en ik heb niets kwaads in de zin, maar voordat ik sterf – en het is heel waarschijnlijk dat dit over een paar dagen zal gebeuren – wil ik gezegd hebben wat ik op mijn hart heb, in een plaats als deze en voor een groep mensen als u.'

Henry Maxwell was nog niet gaan zitten. Hij bleef, leunend op de preekstoel, naar de vreemdeling staan kijken. Het was de man die afgelopen vrijdag bij hem aan de deur was geweest. Dezelfde sjofele, stoffige man. Hij hield zijn verkleurde hoed in zijn handen. Het leek wel alsof hij graag zo stond. Hij was ongeschoren en zijn haar zat in de war. Waarschijnlijk had er nog nooit zo iemand voor in de Grote Kerk gestaan. De gemeente was redelijk bekend met mensen zoals deze zwerver, die op straat en bij de werkplaats van de spoorwegen rondhingen, maar ze had nooit verwacht dat ze zoiets van dichtbij zou meemaken.

De manier waarop de man sprak, was niet aanstootgevend. Hij was niet opgewonden en zijn stem was zacht maar duidelijk. Hoewel Maxwell werkelijk stomverbaasd was door wat er gebeurde, realiseerde hij zich dat iets in de manier waarop de man zich gedroeg hem herinnerde aan iemand die hij eens in zijn slaap had zien wandelen en praten.

Niemand van de aanwezigen maakte aanstalten om de vreemdeling tegen te houden of zijn toespraak te onderbreken. Misschien had de eerste schok van zijn onverwachte verschijning iedereen zo van zijn stuk gebracht, dat niemand wist wat hij het beste kon doen. In ieder geval ging de man verder, alsof hij niet verwachtte dat hij in de rede zou worden gevallen en alsof hij zich in het geheel niet bewust was van het ongebruikelijke onderdeel dat hij had toegevoegd aan het decorum van de dienst in de Grote Kerk. Terwijl de man sprak, leunde Maxwell over de rand van de preekstoel, en zijn gezicht werd steeds bleker en verdrietiger. Maar hij deed geen moeite de man tegen te houden, en de gemeente zat doodstil en hield haar adem in.

'Ik ben geen gewone zwerver, hoewel ik niet geloof dat Jezus ooit heeft gezegd dat de ene zwerver meer waard is dan de andere, u wel?' Hij stelde de vraag heel vanzelfsprekend, alsof de gemeente een zondagsschoolklasje was. Hij was even stil, hoestte pijnlijk en ging verder.

'Ik ben tien maanden geleden mijn baan kwijtgeraakt. Ik heb het hele land doorgezworven en heb geprobeerd weer werk te vinden. Er zijn nog veel meer mensen zoals ik. Ik klaag niet, hoor. Ik stel alleen feiten vast. Maar terwijl ik daar onder het balkon zat, vroeg ik me af of wat u het volgen van Jezus noemt hetzelfde is als wat Hij ons leerde. Wat bedoelde Hij toen Hij zei: "Volg Mij"?' De man draaide zich om en keek omhoog naar de preekstoel. 'De dominee zei dat een discipel van Jezus in zijn voetstappen hoort te treden. Hij zei ook dat die stappen 'gehoorzaamheid, liefde en navolging' zijn. Maar ik heb niet gehoord wat dat precies betekende, vooral de laatste stap. Wat bedoelen jullie christenen, als jullie zeggen: In de voetstappen van Jezus treden? Ik heb drie dagen lang door deze stad gezworven en ik heb geprobeerd eten, onderdak en werk te vinden. En in die hele tijd heb ik van niemand een woord van medeleven of troost gehoord, behalve van uw dominee hier, die zei dat het hem speet en dat hij hoopte dat ik ergens anders een baan zou vinden. Waarschijnlijk wordt er door gewone zwervers vaak misbruik van u gemaakt, zodat u alle belangstelling voor andere zwervers hebt verloren. Ik geef niemand de schuld, hoor. Ik stel alleen feiten vast. Ik begrijp best dat u mensen als ik niet aan een baantje kunt helpen. Dat vraag ik niet van u. Maar wat ik me afvraag is: wat wordt er bedoeld met "Jezus volgen"? Wat bedoelt u als u zingt: "Ik volg U waar U mij leidt"? Betekent het dat u lijdt en uzelf verloochent, zoals Jezus dat volgens mij deed, en dat u probeert om verloren, noodlijdende mensen te redden? Wat bedoelt u met dat volgen? Ik zie heel wat van de schaduwzijde van het leven. Er leven in deze stad meer dan vijfhonderd mannen die er net zo slecht aan toe zijn als ik. De meesten hebben een gezin. Mijn vrouw is vier maanden geleden gestorven. Ik ben

blij dat ze uit de problemen is. Mijn kleine meisje woont bij
een ander gezin, totdat ik werk heb gevonden. Hoe dan ook,
ik raak in de war als ik zoveel christenen zie die in weelde
leven en zingen: "Jezus, ik heb mijn kruis opgenomen. Ik
verlaat alles om U te volgen."

Ik moet denken aan mijn vrouw, die in een huurhuisje in
New York is gestorven. Terwijl ze naar adem snakte, vroeg
ze aan God of Hij ons dochtertje ook wilde wegnemen. Natuurlijk kunt u er niet voor zorgen dat er niemand meer van
honger sterft en ondervoed of dakloos is. Maar wat betekent
het om Jezus te volgen? Ik heb begrepen dat christenen veel
pachtgoed bezitten. De eigenaar van het huisje waarin mijn
vrouw is gestorven, was lid van een kerk, en ik heb me afgevraagd of hij Jezus wel echt volgde. Ik heb onlangs een aantal mensen op een bidstond horen zingen:

Neem mijn leven, laat het Heer,
toegewijd zijn aan uw eer.
Neem mijn zilver en mijn goud,
dat ik niets daarvan behoud.

Toen ik buiten op de trap zat, vroeg ik me af wat ze daarmee bedoelden. Volgens mij zouden er een heleboel moeilijkheden in deze wereld niet bestaan, als iedereen die zulke
liederen zingt er ook naar handelde. Maar ik zal het wel niet
begrijpen. Wat zou Jezus echter doen? Bedoelen jullie dát
met "Jezus volgen"? Het lijkt wel of de mensen in de kerken
goede kleren hebben, mooie huizen bezitten en 's zomers
met vakantie kunnen gaan, terwijl duizenden mensen buiten de kerken in uitgeleefde huisjes sterven, de hele stad af
moeten zoeken naar werk, nooit een schilderij of een piano
in huis hebben, en opgroeien te midden van zonde, ellende

en dronkenschap.' De man greep plotseling naar de tafel waarop het brood en de wijn voor het Avondmaal stonden en legde er zijn vuile hand op. Zijn hoed viel voor zijn voeten op het tapijt. Er kwam beroering in de gemeente. Dokter West stond half op uit zijn bank, maar nog steeds was er geen enkele stem die de stilte verbrak. De man wreef met zijn vrije hand over zijn ogen en viel zonder enige waarschuwing plat voorover in het gangpad.

Dominee Maxwell zei: 'Laten we deze dienst als beëindigd beschouwen.' Hij liep de trap van de preekstoel af en knielde als eerste bij de man neer. Onmiddellijk stond iedereen op en liep de gangpaden in. Dokter West zei dat de man nog leefde – hij was flauw gevallen. 'Hij heeft iets aan zijn hart,' mompelde de dokter terwijl hij hielp om de man de studeerkamer van de dominee binnen te dragen. Maxwell en een paar gemeenteleden bleven enige tijd in de studeerkamer. De man lag op de bank en ademde zwaar. Toen iemand vroeg wat er met hem moest gebeuren, stond Henry erop dat hij mee zou gaan naar zijn eigen huis. Hij woonde vlakbij en had een logeerkamer.

Rachel Winslow zei: 'Moeder heeft geen gezelschap op dit moment. Ze vindt het vast fijn hem een plekje in ons huis aan te bieden.' Ze zag er opgewonden uit. Het viel niemand op. Iedereen was van streek door de vreemde gebeurtenis, de vreemdste gebeurtenis die de mensen van de Grote kerk zich konden herinneren. Maar Henry Maxwell zou zelf de zorg voor de man op zich nemen. Nadat er een rijtuig was voorgereden, werd de bewusteloze man naar de pastorie gebracht. Met de komst van deze man begon een nieuw hoofdstuk in Henry Maxwells leven. Niemand, en vooral hijzelf niet, vermoedde wat een opmerkelijke verandering er zou komen in zijn definitie van christelijk discipelschap.

2
De gelofte

De gebeurtenis veroorzaakte grote opwinding in de gemeente van de Grote Kerk. De hele week praatten de mensen over niets anders. Iedereen was het erover eens dat er niets bitters of klagends was in wat de man had gezegd. Hij had voortdurend op een vriendelijke, verontschuldigende toon gesproken, bijna alsof hij een gemeentelid was dat opheldering wilde over een zeer moeilijk onderwerp.

De derde dag nadat hij naar de pastorie was gebracht, kwam er duidelijk verandering in zijn toestand. De dokter had geen hoop. Zaterdagochtend leefde hij nog, hoewel hij snel achteruitging. Op zondagochtend, even na middernacht, leefde hij op en vroeg of zijn kind was gekomen. Zodra Maxwell haar adres had achterhaald in een paar brieven die hij in de zak van de man had gevonden, had hij iemand gestuurd om haar op te halen.

'Het kind komt zo. Ik heb haar laten halen,' zei Maxwell. Aan zijn gezicht was te zien dat hij de hele week had gewaakt. Hij had erop gestaan om elke nacht bij de man te zitten.

'Ik zal haar in deze wereld niet meer zien,' fluisterde de man. Het kostte hem veel moeite om de woorden uit te spreken. 'U bent goed voor me geweest. Ik denk dat Jezus het ook zo gedaan zou hebben.'

Een paar minuten later draaide hij zijn hoofd een beetje en voordat het goed en wel tot Maxwell kon doordringen, zei de dokter zacht: 'Hij is niet meer.'

Deze zondag in Raymond brak op precies dezelfde manier aan als alle andere zondagen. Maxwell stond op de preekstoel tegenover een grotere gemeente dan hij ooit in de Grote Kerk had gezien. Zijn ogen lagen diep in hun kassen; hij zag eruit alsof hij nog maar net beter was na een langdurige ziekte. Zijn vrouw was thuis bij het kleine meisje dat die morgen met de trein was aangekomen, een uur na de dood van haar vader. Het lichaam van haar vader lag in de logeerkamer. Zijn zorgen waren voorbij.

Terwijl Maxwell de Bijbel opensloeg en de papiertjes met mededelingen op de rand van de kansel legde, zoals hij al tien jaar had gedaan, zag hij in gedachten het gezicht voor zich.

Er was iets nieuws in de dienst van die ochtend. Niemand kon zich herinneren dat hun predikant ooit zonder aantekeningen had gepreekt. In het allereerste begin had hij het wel eens gedaan, maar al vele jaren had hij zorgvuldig ieder woord van zijn preken opgeschreven.

Het kan niet gezegd worden dat zijn preek die morgen opvallend of indrukwekkend was. Hij sprak met grote aarzeling. Het was duidelijk dat hij worstelde met iets wat hij onder woorden wilde brengen, maar het kwam niet naar voren in het thema dat hij voor zijn preek had gekozen. Pas tegen het einde van zijn preek begon hij de kracht te verzamelen die hij aan het begin zo had gemist.

Hij sloeg de Bijbel dicht en ging onder de preekstoel naast de katheder staan. Hij keek naar de gemeente en sprak over de opmerkelijke gebeurtenis die vorige week had plaatsgevonden. 'Onze broeder,' zei hij, en op één of andere manier klonken die woorden een beetje vreemd uit zijn mond, 'is vanmorgen overleden. Ik heb nog niet de tijd gehad om achter zijn hele geschiedenis te komen. Hij had een zuster die in Chicago woont. Ik heb haar geschreven, maar ik heb nog geen antwoord ontvangen. Zijn dochtertje is bij ons en zal voorlopig nog blijven.'

Hij wachtte even en keek naar de mensen. Hij bedacht dat hij nog nooit zo veel ernstige gezichten had gezien. Hij was nog niet in staat hun over zijn ervaring te vertellen, over de crisis die hij zelfs op dit moment doormaakte. Maar iets van zijn gevoelens werd toch op hen overgedragen. Het leek hem niet ondoordacht als hij hun deze ochtend een deel van de boodschap doorgaf die op zijn hart lag. Dus ging hij verder.

'De verschijning en de woorden van deze vreemdeling in de kerk hebben diepe indruk op me gemaakt. Ik kan voor u of mijzelf niet verbergen dat ik door zijn woorden, gevolgd door zijn dood in mijn huis, gedwongen ben mij af te vragen zoals nooit tevoren: "Wat betekent het om Jezus te volgen?" Ik ben nog niet zover dat ik een oordeel kan uitspreken over ons volk of, tot op zekere hoogte, over mezelf en onze christelijke relatie tot deze man. Ik weet ook nog niet hoe groot het aantal mensen is dat hij vertegenwoordigt. Maar veel van wat de man heeft gezegd, is zó waar dat het van essentieel belang is, en ik denk dat we zullen moeten proberen zijn vragen te beantwoorden, of anders zullen we als discipelen van Jezus worden veroordeeld. Wat hij heeft gezegd, is een uitdaging voor het christendom zoals dat in onze kerken wordt beleefd. Ik heb dat in de afgelopen dagen steeds sterker ervaren.'

Weer was Henry Maxwell even stil; hij keek naar de gezichten van zijn mensen. Er was een aantal eerlijke, sterke mannen en vrouwen in de Grote Kerk.

Hij zag Edward Norman, uitgever van de *Daily News* van Raymond. Hij was al tien jaar lid van de gemeente. Niemand in de gemeenschap stond in hoger aanzien. Daar zat Alexander Powers, opzichter van de grote werkplaats van de spoorwegen in Raymond. Hij was een uitstekend man

voor de spoorwegen. En daar zat Donald Marsh, hoofd van
het Lincoln College, dat in een buitenwijk van Raymond lag,
en Milton Wright, één van de grootste winkeliers uit Raymond. Hij had minstens honderd mensen onder zich in verschillende filialen. Verder zat daar dokter West die, hoewel
hij nog vrij jong was, een autoriteit werd genoemd op het
gebied van de chirurgie. En de jonge schrijver Jasper Chase,
die een boek had geschreven dat erg goed was ontvangen en
van wie gezegd werd dat hij aan een nieuwe roman werkte.
En Virginia Page was er, die onlangs van haar vader minstens een miljoen dollar had geërfd. Een zeer aantrekkelijke
vrouw door haar persoonlijkheid en intelligentie. En dan,
lest best, Rachel Winslow, die straalde door haar bijzondere
schoonheid en intense belangstelling.

Het was misschien wel terecht dat Henry Maxwell zich
vorige week zondag zo tevreden had gevoeld over zijn gemeente. Het ledental bestond uit een ongewoon groot aantal sterke, onafhankelijke persoonlijkheden. Maar toen hij
die ochtend naar hun gezichten keek, vroeg hij zich af hoeveel van hen zouden reageren op het vreemde voorstel dat
hij zo dadelijk zou doen. Hij sprak langzaam verder, zorgvuldig zijn woorden kiezend. Hij had nog nooit zoveel indruk op de mensen gemaakt, zelfs niet wanneer hij tijdens
een theatrale toespraak zijn uiterste best had gedaan.

'Wat ik nu ga voorstellen, is iets wat niet ongewoon of on-
uitvoerbaar zou moeten zijn. Toch ben ik mij ervan bewust
dat een groot aantal leden van deze kerk het misschien toch
als zodanig zal beschouwen. Maar opdat we duidelijk zullen
begrijpen wat ik overweeg, zal ik mijn voorstel heel eenvoudig en ongezouten uiteenzetten. Ik roep uit uw midden vrijwilligers op die oprecht en ernstig beloven een jaar lang niets
te zullen doen zonder zich eerst af te vragen: "Wat zou Jezus

in dit geval doen?" En nadat ze zich dat hebben afgevraagd, moeten ze Jezus zo goed mogelijk volgen, wat de gevolgen ook zullen zijn. Natuurlijk zal ik zelf één van de vrijwilligers zijn. En ik zal als vanzelfsprekend aannemen dat mijn gemeente niet verbaasd zal zijn over mijn toekomstige gedrag en dat ze zich niet tegen mij zal verzetten als ze denkt dat Jezus het ook zo zou doen. Is dit zo duidelijk?

Ik vraag iedereen die wil meedoen na de dienst achter te blijven. Dan zullen we de details van het plan bespreken. Ons motto zal zijn: "Wat zou Jezus doen?" Ons doel is precies zo te handelen als Hij wanneer Hij in onze plaats zou staan, zonder te letten op de gevolgen. Met andere woorden: we zijn van plan om zo nauwkeurig en letterlijk mogelijk in Jezus' voetstappen te treden, zoals we geloven dat Hij zijn discipelen heeft geleerd. En wie meedoet, belooft plechtig om een jaar lang zo te handelen, te beginnen met vandaag.'

Henry Maxwell pauzeerde weer en keek de mensen aan. De opschudding die dit eenvoudige voorstel veroorzaakte, liet zich niet gemakkelijk beschrijven. Men keek elkaar verbaasd aan. Het was niets voor Maxwell om het christelijk discipelschap zo te omschrijven. Zijn voorstel bracht duidelijk verwarring teweeg. Het werd wel goed begrepen, maar er was blijkbaar veel verschil van mening over de toepassing van Jezus' voorbeeld en over wat Hij had geleerd.

Rustig besloot Maxwell de dienst met een kort gebed. De organist begon onmiddellijk na de zegen te spelen en de mensen liepen langzaam naar buiten. Er werd veel gepraat. Overal in de kerk stonden groepjes het voorstel van de predikant geanimeerd te bespreken. Het gaf blijkbaar aanleiding tot veel discussie. Na een paar minuten vroeg Maxwell de mensen die wilden blijven naar de vergaderzaal te gaan. Zelf werd hij voor in de kerk opgehouden, waar hij een gesprek voerde met verschillende mensen. Toen hij zich ten slotte omkeerde, was de kerk leeg. Hij liep naar de deur van de vergaderzaal en ging naar binnen. Hij was verbaasd toen hij zag wie daar waren. Hij had niet verwacht dat zovelen bereid zouden zijn hun christelijk discipelschap te laten beproeven. Er waren ongeveer vijftig mensen aanwezig, onder wie Rachel Winslow en Virginia Page, Edward Norman, Donald Marsh, Alexander Powers, Milton Wright, dokter West en Jasper Chase.

Hij deed de deur van de vergaderzaal dicht en ging voor de kleine groep staan. Zijn gezicht was bleek en zijn lippen trilden van oprechte emoties. Dit was een echt keerpunt in zijn leven en dat van zijn gemeenteleden. Maxwell besefte zelf nog niet goed wat hij allemaal doormaakte, maar hij realiseerde zich dat zijn definitie van christelijk discipelschap sterk was veranderd. Een onpeilbaar diepe bewogenheid maakte zich van hem meester terwijl hij naar de gezichten van deze mannen en vrouwen keek.

Het leek hem dat een gebed nu het meest gepast zou zijn. Hij vroeg of iedereen met hem mee wilde bidden. En, bijna onmiddellijk nadat hij de eerste lettergreep had uitgesproken, voelde iedereen de duidelijke aanwezigheid van de Geest. Naarmate het gebed voortduurde, werd deze Tegenwoordigheid sterker. Iedereen ervoer het. De zaal werd er zo merkbaar mee gevuld dat Hij haast zichtbaar leek. Toen het gebed beëindigd was, viel er een stilte die enkele ogenblikken duurde. Alle hoofden waren gebogen. Maxwells gezicht was nat van de tranen. Als hun belofte om in de voetstappen van de Meester te treden bekrachtigd was geweest door een hoorbare stem uit de hemel, had niemand van de aanwezigen zich zekerder gevoeld van de goddelijke zegen dan nu.

'We begrijpen allemaal waaraan we zijn begonnen,' zei hij rustig. 'We beloven dat we in ons dagelijks leven pas iets ondernemen nadat we de vraag hebben gesteld: "Wat zou Jezus doen?" Er komt een moment dat ik in staat zal zijn u te vertellen over de geweldige verandering die er in één week in mijn leven heeft plaatsgevonden. Nu kan ik het nog niet. Maar door wat ik vorige week zondag heb meegemaakt, ben ik zo ontevreden geworden over mijn oude definitie van christelijk discipelschap, dat ik mij gedwongen voel deze actie te ondernemen. Ik durf er niet alleen aan te beginnen. Ik weet dat ik in dit alles word geleid door de hand van goddelijke liefde. Dezelfde goddelijke kracht die u allen moet hebben geleid. Begrijpen we waaraan we begonnen zijn?'

'Ik heb een vraag,' zei Rachel Winslow.

Iedereen keerde zich naar haar toe. Haar gezicht straalde.

'Ik weet niet zo goed hoe we erachter moeten komen wat Jezus zou doen. Wie beslist wat Hij precies in mijn geval zou doen? We leven in een andere tijd. Er zijn veel verwarrende vraagstukken in onze maatschappij waar Jezus niet over heeft gesproken. Hoe kan ik nou weten wat Hij zou doen?'

'Naar mijn weten is daar geen oplossing voor,' zei Maxwell, 'behalve als we Jezus bestuderen door de tussenpersoon van de Heilige Geest. Denk aan wat Jezus heeft gezegd toen Hij tot zijn discipelen over de Heilige Geest sprak: "...doch wanneer Hij komt, de Geest der Waarheid, zal Hij u de weg wijzen tot de volle waarheid; want Hij zal niet uit Zichzelf spreken, maar al wat Hij hoort, zal Hij spreken en de toekomst zal Hij u verkondigen. Hij zal Mij verheerlijken, want Hij zal het uit het mijne nemen en het u verkondigen. Al wat de Vader heeft, is het mijne. Daarom zeide Ik: Hij neemt uit het mijne en zal het u verkondigen." Voor zover ik weet is er geen andere toetssteen. We moeten besluiten wat Jezus zou doen nadat we ons tot de Heilige Geest hebben gericht.'

'En stel nou dat we iets doen waarvan anderen zeggen dat

Jezus zoiets nooit zou doen?' vroeg Alexander Powers, de spoorwegopzichter.

'Dat kunnen we niet voorkomen. Maar we moeten volkomen eerlijk zijn tegen onszelf. Onze daden mogen niet te veel afwijken van de christelijke standaard.'

'Maar toch zullen niet alle leden van de gemeente het altijd eens zijn over wat Jezus zou doen. Hoe kan onze handelwijze eensgezind christelijk worden? Is het mogelijk om altijd in alle gevallen tot dezelfde conclusie te komen?' vroeg Donald Marsh.

Henry Maxwell zweeg even. Toen antwoordde hij: 'Nee, ik denk niet dat we dat kunnen verwachten. Maar als we Jezus oprecht, eerlijk en verstandig willen volgen, kan ik me niet voorstellen dat er veel verwarring zal ontstaan. We moeten aan de ene kant niet te fanatiek zijn, maar aan de andere kant ook niet te voorzichtig. Als Jezus het voorbeeld heeft gegeven dat de hele wereld hoort na te volgen, dan moet het toch mogelijk zijn dat te doen? Maar we moeten het volgende bedenken: nadat we de Heilige Geest hebben gevraagd of Hij ons wil zeggen wat Jezus zou doen, en we hebben een antwoord gekregen, dan moeten we daarnaar handelen, wat de gevolgen voor ons ook mogen zijn. Heeft iedereen dat begrepen?'

Ze bleven nog even na om wat details door te nemen en spraken toen af dat ze elke week bij elkaar zouden komen om verslag uit te brengen over hun ervaringen – hoe ze Jezus op deze manier waren gevolgd. Henry Maxwell bad weer. En weer, evenals daarvoor, openbaarde de Geest Zich. De hoofden bleven lang gebogen. Ten slotte gingen de mensen in stilte weg. Ze hadden het gevoel dat spreken niet nodig was. Dominee Maxwell gaf iedereen een hand. Daarna ging hij naar zijn eigen studeerkamer en knielde neer.

3
Geen bokswedstrijd

Edward Norman, uitgever van de *Daily News* van Raymond, zat maandagochtend in zijn kantoor en stond voor een nieuwe wereld vol actie. Hij had te goeder trouw beloofd dat hij pas iets zou ondernemen nadat hij zich had afgevraagd: 'Wat zou Jezus doen?' En hij dacht dat hij zich de mogelijke gevolgen had gerealiseerd. Maar nu het gewone leven van de krant weer begon, met een week vol haast en bedrijvigheid, overviel hem een gevoel van aarzeling en vrees.

Hij was al heel vroeg naar kantoor gekomen en had een paar minuten voor zich alleen. Hij zat aan zijn bureau en verzonk steeds dieper in gepeins. Uiteindelijk kwam er een ongewoon en diep verlangen in hem op. Samen met de anderen uit de kleine groep die hadden beloofd om te doen wat werkelijk christelijk was, zou hij ervaren dat de Geest van leven met zoveel kracht in zijn leven werkte als nooit tevoren. Hij stond op, sloot de deur en deed iets wat hij al jaren niet meer had gedaan. Hij knielde neer bij zijn bureau en bad om de goddelijke Tegenwoordigheid en om wijsheid.

Hij ging weer staan. Er lag een nieuwe dag voor hem en zijn belofte stond hem duidelijk voor ogen. 'En nu aan de slag,' scheen hij te zeggen. Maar hij zou geleid worden door gebeurtenissen die elkaar snel opvolgden.

Hij deed de deur open en begon met wat routineklusjes. De hoofdredacteur was net binnengekomen en zat aan zijn bureau in de aangrenzende kamer. Eén van de verslaggevers zat daar met veel lawaai iets uit te tikken op een typemachine.

Edward Norman begon het hoofdartikel te schrijven. De *Daily News* was een avondkrant, en meestal had Norman het hoofdartikel vóór negen uur klaar.

Hij had een kwartier zitten schrijven, toen de hoofdredacteur riep: 'Hier is het verslag van de bokswedstrijd die gisteren in de Resort is gehouden. Het neemt drieënhalve kolom in beslag. Ik veronderstel dat het er helemaal in gaat?'

Norman was een uitgever die ieder detail van de krant in de gaten hield. De hoofdredacteur overlegde alle belangrijke en onbelangrijke zaken altijd met zijn baas. Soms stelde hij een vraag, zoals in dit geval, alleen maar omdat het zo hoorde.

'Ja... Nee. Laat eens zien.' Norman nam het verslag aan en las het zorgvuldig door. Daarna legde hij de vellen papier op zijn bureau en dacht even diep na. 'Het gaat er niet in vandaag,' zei hij ten slotte.

De hoofdredacteur stond in de deuropening tussen de twee kantoren. Hij was geschokt over het antwoord van zijn chef en dacht dat hij hem misschien verkeerd had verstaan.

'Wat zegt u?'

'Laat het er maar uit. We gebruiken het niet.'

'Maar...' De hoofdredacteur was sprakeloos. Hij staarde Norman aan alsof hij gek was.

'Clark, ik geloof niet dat het gedrukt moet worden en daarmee uit,' zei Norman terwijl hij opkeek van zijn bureau.

Clark had zelden woorden met zijn baas. Zijn wil was altijd wet geweest op kantoor en hij veranderde bijna nooit van gedachten. De omstandigheden leken nu echter zo ongewoon, dat Clark het niet kon nalaten er iets van te zeggen. 'Bedoelt u dat de krant gedrukt wordt zonder dat er iets over de bokswedstrijd in staat?'

'Ja, dat bedoel ik.'

'Maar dat is ongehoord! Alle andere kranten zullen het verslag wel plaatsen. Wat zullen de abonnees wel niet zeggen? Het is gewoon...' Clark zweeg. Hij was niet in staat zijn gedachten onder woorden te brengen.

Norman keek Clark bedachtzaam aan. De redacteur was lid van een ander kerkgenootschap dan hij. De twee mannen hadden nog nooit samen over godsdienstige zaken gesproken, hoewel ze al verscheidene jaren samenwerkten.

'Kom eens even binnen, Clark, en doe de deur dicht,' zei Norman.

Clark kwam binnen en de twee mannen keken elkaar aan. Norman wachtte even met spreken en zei toen abrupt:

'Clark, als Christus uitgever van een dagblad was, denk je dan eerlijk dat Hij drieënhalve kolom van de krant zou volzetten met een verslag van een bokswedstrijd?'

'Nee, ik neem aan van niet.'

'Nou, dat is de enige reden dat ik het verslag niet in de *News* laat zetten. Ik heb besloten een heel jaar lang niets te ondernemen wat met de krant te maken heeft, als ik niet eerlijk geloof dat Jezus het ook zou doen.'

Als zijn chef plotseling krankzinnig was geworden, had Clark niet verbaasder kunnen kijken. Hij dacht inderdaad dat er iets mis was, hoewel Norman één van de laatsten op de hele wereld was die volgens hem zijn verstand zou kunnen verliezen.

'Wat voor uitwerking zal dat op de krant hebben?' bracht hij er ten slotte met moeite uit.

'Wat denk je?' vroeg Norman en keek Clark strak aan.

'Ik denk dat het de krant zal ruïneren,' antwoordde deze onmiddellijk. Hij had zijn verwarde gedachten geordend en begon tegenwerpingen te maken. 'Het is gewoon niet haalbaar om een krant op een dergelijke basis te laten draaien. Het is te idealistisch. De wereld is daar niet klaar voor. Dat loont niet. Als we dat verslag over de bokswedstrijd eruit laten, verliezen we honderden abonnees, dat is zo zeker als tweemaal twee vier is. Daar hoef je geen profeet voor te zijn. De beste mensen van de stad kijken ernaar uit het te lezen. Ze weten dat die wedstrijd is gehouden, en als ze 's avonds de krant krijgen, verwachten ze dat er minstens een halve pagina over in staat. Echt, u kunt de wensen van uw publiek niet in deze mate in de wind slaan. Volgens mij maakt u een grote fout als u dat doet.'

Norman zweeg even. Daarna sprak hij, vriendelijk maar beslist.

'Clark, als je heel eerlijk bent, wat is dan volgens jou de maatstaf die je gedrag moet bepalen? Is de enige juiste maatstaf datgene wat Jezus Christus waarschijnlijk zou hebben gedaan? Zou je zeggen dat de hoogste en beste wet waarnaar een mens kan leven, ligt in het stellen van de vraag "Wat zou Jezus doen?", en dan daarnaar te handelen, ongeacht de consequenties? Met andere woorden, denk je dat de mensen in ieder opzicht zo goed mogelijk het voorbeeld van Jezus zouden moeten navolgen in hun dagelijks leven?'

Clark bloosde en schoof onrustig heen en weer op zijn stoel, voordat hij de vraag van de hoofdredacteur beantwoordde.

'Nou... ja... ik neem aan dat er geen andere maatstaf is als het gaat om wat mensen zouden moeten doen. Maar de vraag is: wat is haalbaar? Is het mogelijk om zo geld te verdienen? Om succesvol te zijn in de zakenwereld moeten we ons aanpassen aan wat gebruikelijk is en aan de gevestigde orde in de maatschappij. We kunnen niet doen alsof we in een ideale wereld leven.'

'Bedoel je dat we geen succesvolle krant kunnen laten draaien volgens christelijke regels?'

'Precies, dat bedoel ik. Het kan niet. Binnen een maand zijn we failliet.'

Norman antwoordde niet meteen. Hij was heel bedacht-zaam. 'We moeten hier nog eens over doorpraten, Clark. In-tussen geloof ik dat we elkaar goed moeten begrijpen. Ik heb beloofd dat ik een jaar lang pas iets zal doen nadat ik de vraag "Wat zou Jezus doen?" zo eerlijk mogelijk heb beantwoord – ook wat de krant betreft. Ik zal hiermee doorgaan, in de overtuiging dat we niet alleen kunnen blijven draaien, maar dat we ook nog beter zullen draaien dan ooit tevoren.'

Clark stond op. 'Het verslag komt er niet in?'

'Nee. Er is voldoende goed materiaal om de lege ruimte op te vullen; en je weet wel wat dat is.'

Clark aarzelde. 'Gaat u iets zeggen over de afwezigheid van het verslag?'

'Nee, de krant wordt gewoon gedrukt, alsof er gisteren helemaal geen bokswedstrijd heeft plaatsgevonden.'

Clark liep weer naar zijn eigen bureau en had het gevoel dat alles in het honderd liep. Hij was verbijsterd, in de war, opgewonden en behoorlijk kwaad. Zijn diep respect voor Norman hield zijn toenemende verontwaardiging en afkeer onder controle, maar met stijgende verbazing dacht hij aan de plotseling veranderde richtlijnen die hun intrede had-den gedaan in het beleid van de *Daily News* en die de krant dreigden te ruïneren, daarvan was hij overtuigd.

Toen de *Daily News* die avond verscheen, ontstond er opschudding onder de lezers. De publicatie van een verslag van de bokswedstrijd had nooit zoveel opschudding kunnen veroorzaken als de afwezigheid ervan. Honderden mannen in de hotels en winkels van de stad, maar ook de abonnees, sloegen nieuwsgierig de krant open en zochten naar het verslag van de grote wedstrijd. Toen ze dat niet vonden, gingen ze snel naar de kiosken en kochten een andere krant. Zelfs de krantenjongens hadden niet in de gaten dat er niets over de wedstrijd in stond. Eén van hen had geroepen: '*Daily News!* Lang verslag van de bokswedstrijd in de Resort. Een *News*, meneer?'

Een man die op de hoek van de straat stond, dicht bij het hoofdkantoor van de *Daily News*, kocht de krant en bekeek snel de voorpagina. Daarna riep hij de jongen boos terug.

'Kom eens hier, joh! Wat is er met je krant aan de hand? Er staat helemaal niets in over de wedstrijd. Waarom verkoop je oude kranten?'

'Ik verkoop helemaal geen oude kranten,' antwoordde de jongen verontwaardigd. 'Dit is de krant van vandaag. Wat is er met ú aan de hand?'

'Maar er staat geen verslag van de wedstrijd in. Kijk maar!'

De man gaf de krant terug en de jongen liet snel zijn blik over de pagina's dwalen. Daarna floot hij en was één en al verbijstering. Toen hij een andere krantenjongen voorbij zag rennen, riep hij: 'Hé Sam, laat me jouw kranten eens zien.' Een haastig onderzoek bracht aan het licht dat alle exemplaren van de *News* over de bokswedstrijd zwegen. 'Hé daar, geef me een andere krant,' schreeuwde een klant. 'Eén met het verslag van de wedstrijd.'

Hij kreeg er één en liep weg, terwijl de jongens achterbleven en de artikelen vergeleken. Ze waren met stomheid geslagen over wat ze zagen. 'Iemand bij de *News* heeft ons

voor de gek gehouden,' zei de eerste jongen. Maar hij kon
niet zeggen waarom. Hij rende naar het kantoor van de
News om het uit te zoeken.

Er waren nog meer jongens in de ruimte waar ze altijd
hun stapels kranten afhaalden, en ze waren allemaal aan-
geslagen en verontwaardigd. De hoeveelheid protesten die
de bediende achter de lange balie in sappige taal naar zijn
hoofd kreeg geslingerd, zou iedereen tot wanhoop hebben
gedreven. Maar hij was eraan gewend en raakte er niet van
ondersteboven.

Uitgever Norman, die op weg was naar huis, kwam juist
naar beneden en bleef bij de deur staan. Hij keek naar binnen.

'Wat is hier aan de hand, George?' vroeg hij de bediende,
toen hij de grote verwarring zag.

'De jongens zeggen dat ze de *News* vanavond niet kunnen verkopen omdat de bokswedstrijd er niet in staat,' antwoordde George en keek de uitgever nieuwsgierig aan, zoals al vele andere werknemers die dag hadden gedaan.

Norman aarzelde even, liep toen het kantoortje binnen
en ging voor de jongens staan.

'Hoeveel kranten hebben jullie hier? Jongens, tel ze maar.
Dan zal ik ze vanavond kopen.'

Ze staarden hem allemaal verbaasd aan en begonnen toen
druk hun kranten te tellen.

'Geef ze hun geld, George. En als er nog meer jongens
met dezelfde klacht komen, koop dan ook hun onverkochte
exemplaren. Is dat eerlijk?' vroeg hij aan de jongens. Ze waren met stomheid geslagen door de ongehoorde daad van
de uitgever.

'Eerlijk! Nou, ik zou... Maar, blijft u dit altijd doen? Gaat
u voortaan de krantenjongens zo helpen?'

Norman glimlachte even, maar hij vond het niet nodig om antwoord te geven op die vraag. Hij liep het kantoor uit en ging naar huis. Onderweg kon hij de vraag die voortdurend in zijn gedachten kwam, niet negeren: 'Zou Jezus dit ook hebben gedaan?' Het ging niet zozeer om wat hij zojuist had gedaan, als wel om de hele motivatie die hem had voortgedreven sinds hij de belofte had gedaan.

4
Tegenstand

In de loop van de week ontving hij veel kritische brieven, omdat het het verslag van de wedstrijd niet in de *News* had gestaan. Een aantal ervan is misschien van belang.

Uitgever van de 'News'

Geachte heer Norman,

Ik ben al enige tijd van plan mij op een andere krant te abonneren. Ik wil een krant die met de tijd meegaat, die progressief en ondernemend is, die voldoet aan de vraag van het publiek. Nadat uw krant onlangs vreemd genoeg weigerde om het verslag van de beroemde wedstrijd in de Resort te plaatsen, heb ik besloten om mijn voornemen uit te voeren. Stuur mij de krant alstublieft niet meer toe.

Hoogachtend
. . . .

Hier volgde de naam van een zakenman die vele jaren op de *News* geabonneerd was geweest.

Edward Norman
Uitgever van de Daily News, Raymond

Beste Ed,

*Wat heb je nu toch voor opschudding veroorzaakt onder
de inwoners van jouw stad? Wat voor nieuw beleid ben je
gaan volgen? Ik hoop niet dat je probeert hervormingen
door te voeren door middel van de pers. Het is gevaarlijk
om op dat gebied veel te experimenteren. Luister naar mijn
advies en blijf bij de moderne, ondernemende methoden die
je met zoveel succes voor de 'News' hebt gebruikt. De lezers
willen bokswedstrijden en dergelijke. Geef hun wat ze willen en laat de hervormingen aan iemand anders over.*

Met vriendelijke groeten,
. . . .

Hier volgde de naam van één van Normans oude vrienden, uitgever van een dagblad in een nabijgelegen stad.

Geachte heer Norman,

*Ik haast mij om mijn waardering erover uit te spreken dat u
zich zo duidelijk aan uw belofte houdt. Het is een geweldig
begin en niemand voelt de waarde ervan sterker dan ik. Ik
weet een beetje wat het u zal kosten, maar niet helemaal.*

Uw predikant,
Henry Maxwell

De brief die hij onmiddellijk opende nadat hij die van
Maxwell had gelezen, toonde hem iets van het verlies dat
zijn krant waarschijnlijk te wachten stond.

De heer E. Norman
Uitgever van de 'Daily News'

Geachte heer,
Wilt u zo goed zijn om mijn advertentietermijn, nu deze
afloopt, niet meer te verlengen, zoals in het verleden altijd
is gebeurd? Ik sluit hierbij een cheque in als betaling en zal
mijn verbinding met uw krant na datum als afgesloten be-
schouwen.

Hoogachtend,
. . . .

De afzender was één van de grootste tabakshandelaren
van de stad. Hij had altijd een kolom gevuld met opvallende
advertenties en betaalde daar een zeer groot bedrag voor.

Deze brief vestigde Normans aandacht op de advertenties
in zijn krant. Daar had hij nog niet eerder bij stilgestaan. Terwijl hij zijn ogen langs de kolommen liet gaan, kon hij zich
niet aan de indruk onttrekken dat de Meester een aantal ervan niet in zijn krant zou laten zetten. Wat zou Hij doen met
die andere grote advertentie voor goede wijnen en sigaren?
Als kerklid en gerespecteerd burger had niemand hem erom
bekritiseerd dat er café- en barhouders in zijn krant adver-
teerden. Niemand dacht erbij na. Het waren allemaal wettige
zaken. In Raymond hoefden barhouders geen vergunning
te hebben voor hun zaak. De bar en de biljartzaal waren een
onderdeel van de christelijke beschaving in de stad. Hij deed
gewoon wat elke andere zakenman in Raymond deed. En het
was de beste bron van inkomsten. Wat zou er met de krant
gebeuren als hij de advertenties weigerde? Kon hij zonder?
Dat was de vraag. Was dat werkelijk de vraag?

'Wat zou Jezus doen?' Dat was de vraag die hij deze week beantwoordde, of probeerde te beantwoorden. Zou Jezus advertenties voor whisky en tabak in zijn krant plaatsen?

Edward Norman vroeg zich dit eerlijk af, en nadat hij om hulp en wijsheid had gebeden, vroeg hij of Clark in zijn kantoor wilde komen.

Clark kwam binnen. Hij had het gevoel dat de krant een crisis doormaakte en was, na wat hem maandagochtend was overkomen, op bijna alles voorbereid. Het was nu donderdag.

'Clark,' zei Norman. Hij sprak langzaam en koos zijn woorden zorgvuldig. 'Ik heb onze advertentiekolommen doorgekeken en ik wil een aantal ervan niet meer plaatsen zodra het contract afloopt. Ik wil graag dat je tegen onze advertentiemanager zegt dat hij de contracten voor de advertenties die ik hierin heb aangegeven niet moet verlengen.'

Hij gaf de krant met aantekeningen aan Clark, die hem aannam en de kolommen met een zeer ernstig gezicht bekeek.

'Dit zal een heel groot verlies zijn voor de *News*. Hoelang denkt u dit te kunnen volhouden?' Clark was ontzet over wat de uitgever deed. Hij kon het niet begrijpen.

'Clark, denk je dat Jezus, als Hij uitgever en eigenaar van een krant was, er advertenties in zou laten zetten voor whisky en tabak?'

'Nou... nee... dat denk ik niet. Maar wat heeft dat met ons te maken? We kunnen niet hetzelfde doen als Hij. Kranten kunnen niet draaien op die basis.'

'Waarom niet?' vroeg Norman rustig.

'Waarom niet?! Omdat we dan meer geld verliezen dan we verdienen, daarom.' Clark was duidelijk geërgerd. 'Als we dit beleid volgen, gaat de krant zonder twijfel failliet.'

'Denk je dat?' Norman stelde de vraag niet op een manier alsof hij een antwoord verwachtte, maar eerder alsof hij in zichzelf sprak. Na een korte stilte zei hij: 'Laat Marks doen wat ik gezegd heb. Ik geloof dat Christus het ook zo zou doen, en zoals je weet, Clark, heb ik beloofd dat een jaar lang te doen, wat de gevolgen voor mij ook mogen zijn. Ik geloof niet dat we door te redeneren tot een besluit kunnen komen dat het in onze tijd tegenover de Heer te rechtvaardigen is om advertenties te plaatsen voor whisky en tabak. Er zijn nog een paar twijfelachtige advertenties die ik wil bestuderen. Ondertussen gaan deze advertenties in tegen een overtuiging die ik niet kan negeren.'

Clark ging terug naar zijn bureau met het gevoel dat hij bij een zonderling was geweest. Hij kon het allemaal niet bevatten. Hij was woedend en ongerust. Hij was ervan overtuigd dat het de krant zou ruïneren zodra algemeen bekend werd dat de uitgever aan zo'n absurde morele maatstaf probeerde te voldoen. Wat zou er van de zakenwereld terechtkomen als deze maatstaf werd aangenomen? Alle gewoonten zouden veranderen en het zou eindeloze verwarring zaaien. Het was gewoon dwaasheid, idioterie. Dit alles zei Clark tot zichzelf, en toen de advertentiemanager op de hoogte was gesteld van de veranderingen, viel deze hem bij met een paar zeer krachtige uitspraken. Wat mankeerde de baas? Was hij gek? Wilde hij de hele zaak failliet laten gaan?

Maar voor Edward Norman moesten de grootste problemen nog komen. Toen hij vrijdagochtend op kantoor kwam, lag het gebruikelijke programma voor de zondagochtendeditie klaar. De *News* was één van de weinige avondkranten in Raymond die een zondagochtendeditie uitgaven. Financieel gezien had deze altijd opmerkelijk veel succes gehad. Over het algemeen was de verhouding één pagina over literatuur en godsdienst tegen dertig of veertig pagina's over sport, theater, roddelnieuws, mode, maatschappij en politiek. Alles bij elkaar vormde dit een heel interessant blad, met gevarieerde artikelen. En alle abonnees, ook de kerkleden, verwelkomden het blad als een noodzakelijk iets op zondagochtend.

Toen hij met dit feit werd geconfronteerd, vroeg Edward Norman zich af: 'Wat zou Jezus doen?' Als alles in aanmerking werd genomen, was het dan waarschijnlijk dat Jezus een zondagochtendeditie zou uitgeven? Of er nu veel aan werd verdiend of niet, daar ging het niet om. De zondageditie van de *News* betaalde zelfs zo goed, dat het onmiddellijk duizenden dollars verlies zou betekenen als hij niet meer uitkwam. Trouwens, alle abonnees hadden betaald voor zeven kranten per week. Had hij het recht hun minder te geven?

Terwijl hij daar zat, te midden van de gebruikelijke hoeveelheid materiaal voor de zondageditie, kwam hij tot een aantal duidelijke conclusies. Eén daarvan was het besluit om al zijn personeel in de verzendkamer te laten komen en eerlijk zijn motieven en voornemen uiteen te zetten.

De verzendkamer was een grote ruimte. De mannen kwamen nieuwsgierig naar binnen en gingen bij de tafels zitten. Dit was een heel ongewone gebeurtenis, maar ze begrepen allemaal dat de krant volgens nieuwe regels draaide, en ze sloegen de uitgever allemaal nauwlettend gade terwijl hij sprak.

'Ik heb jullie hier laten komen om jullie mijn toekomstplannen voor de *News* mee te delen. Ik stel enkele veranderingen voor, waarvan ik denk dat ze nodig zijn. Ik begrijp heel goed dat sommige dingen die ik heb gedaan jullie vreemd voorkomen en ik wil jullie vertellen wat mijn motivatie is geweest.'

Toen vertelde hij de mannen wat hij Clark al had verteld. Ze staarden hem allemaal aan, net als Clark had gedaan, en ze zagen er net zo geschrokken uit.

'Nu ben ik naar aanleiding van deze maatstaf tot een beslissing gekomen die ongetwijfeld enige verbazing zal wekken. Ik heb besloten om na aanstaande zondag, de zondagochtendeditie van de krant niet meer uit te geven. In de editie van komende zondag zal ik mijn motivatie uiteenzetten. Om de abonnees de hoeveelheid leesmateriaal te geven waar ze recht op hebben, kunnen we 's zaterdags een dubbele editie uitgeven, zoals veel avondkranten doen die geen zondageditie uitgeven. Ik ben ervan overtuigd dat er, uit christelijk oogpunt gezien, meer kwaad dan goed is gedaan door onze zondagochtendkrant. Ik geloof niet dat Jezus daarvoor verantwoordelijk zou willen zijn als Hij vandaag in mijn schoenen stond. Het zal wat problemen geven met de adverteerders en de abonnees, maar dat is mijn zaak. De verandering zal zonder meer plaatsvinden. Zover ik het kan bekijken, zal het verlies voor mijn rekening komen. Noch de verslaggevers, noch de drukkers hoeven hun plannen te wijzigen.'

Hij liet zijn blik door de kamer dwalen. Niemand sprak. Voor de eerste maal trof het hem dat hij, in al die jaren dat de krant bestond, nog nooit op deze manier al zijn personeel bij elkaar had gezien. Zou Jezus dat doen? Dat wil zeggen, was het waarschijnlijk dat Jezus een krant zou laten draaien op basis van één of ander familieplan vol liefde, waarbij redacteurs, verslaggevers en drukkers allemaal bij elkaar kwamen om te overleggen en plannen te maken voor een krant die als doelstelling zou hebben...

Hij betrapte zich erop dat hij de koude, zakelijke methoden die een groot dagblad tot een succes maken, bijna uit het oog verloor. En toch zou het vage beeld dat in de verzend-kamer in hem opgekomen was niet vervagen, ook niet toen hij weer in zijn eigen kantoor zat en de verbaasde mannen terug naar hun werkplek waren gegaan.

Clark kwam zijn kantoor binnen en had een lang en ernstig gesprek met zijn chef. Hij was ontzettend boos. Zijn protesten eindigden er bijna mee dat hij zijn ontslag nam. Norman hield zich zorgvuldig in de hand. Ieder moment van het gesprek deed hem pijn, maar hij voelde steeds meer de noodzaak te doen wat Christus zou doen. Clark was heel waardevol. Het zou moeilijk zijn hem te vervangen.

'Dan komt het hierop neer,' zei Clark ronduit, 'dat u de krant in één maand failliet laat gaan. Dat feit kunnen we maar beter onder ogen zien.'

'Dat geloof ik niet. Wil je bij de *News* blijven tot hij failliet is?' vroeg Norman met een eigenaardige glimlach.

'Meneer Norman, ik begrijp u niet. U bent van de week niet de man die ik altijd heb gekend.'

'Ik ken mezelf ook niet meer, Clark. Er is iets heel bijzonders met me gebeurd, en het drukt zwaar op me. Maar ik ben er nog nooit eerder zo zeker van geweest dat de krant uiteindelijk succes en invloed zal hebben. Je hebt mijn vraag niet beantwoord. Blijf je hier?'

Clark aarzelde en zei ten slotte ja. Norman gaf hem een hand, draaide zich om en liep naar zijn bureau. Clark ging terug naar zijn kantoor met tegenstrijdige gevoelens. Hij had nog nooit zo'n verwarrende week meegemaakt als deze, en hij had het gevoel dat hij betrokken was bij een onderneming die ieder moment in elkaar kon storten, en die hem en de andere medewerkers kon ruïneren.

5
Overtreding

Het was zondagochtend in Raymond, en de kerk van Henry Maxwell zat weer vol. Voordat de dienst begon, stond Edward Norman erg in de belangstelling. Hij zat rustig op zijn gewone plaats, ongeveer drie rijen van de preekstoel. In de zondagochtendeditie van de *News* stond aangekondigd dat deze voortaan niet meer zou worden uitgegeven, en dit was zo opmerkelijk gedaan dat iedere lezer er verbaasd over was. Nog nooit eerder had zo'n bijzondere aaneenschakeling van opzienbarende gebeurtenissen het gewone zakenleven van Raymond verstoord. De gebeurtenissen rondom de *News* waren niet de enige. De mensen spraken druk over de vreemde dingen die Alexander Powers in de loop van de week in de werkplaats van de spoorwegen had gedaan, en Milton Wright in zijn winkels in de hoofdstraat. De gebeurtenissen van de afgelopen week lieten de gemeente niet koud en dat was tijdens de dienst duidelijk te merken. Henry Maxwell bezag dit alles met een kalmte die aantoonde dat hij meer kracht en vastberadenheid bezat dan anders.

Wat zou de Meester de mensen vertellen op deze zondag, waarop ze waren gekomen om te luisteren? Hij had tijdens de voorbereiding geworsteld, en toch wist hij dat hij niet in staat was geweest zijn preek zo te maken als hij graag had gewild. Niettemin kon niemand in de Grote Kerk zich herinneren ooit eerder zo'n preek te hebben gehoord. Er klonk een aanklacht tegen de zonde in door, vooral tegen huichelarij. De gemeente werd vermaand vanwege de zucht naar weelde en het egoïsme van allerlei modeverschijnselen, twee dingen die nog nooit op deze manier in de Grote Kerk waren bekritiseerd. Naarmate de preek vorderde, kreeg de liefde voor zijn gemeente nieuwe kracht. Toen de preek was afgelopen, waren er mensen die in hun hart zeiden: 'De Heilige Geest werkte in die preek,' en ze hadden gelijk.

Toen stond Rachel Winslow op om te zingen, ditmaal na de preek, op verzoek van Henry Maxwell. Het zingen van Rachel lokte deze keer geen applaus uit. Welke diepe gevoelens brachten de harten tot een eerbiedige stilte en tedere gedachten? Rachel was mooi en dat wist ze. Voor mensen met diep geestelijke gevoelens werd haar gezang hierdoor vaak bedorven. Maar vandaag was alles anders. Haar stem had niet aan kracht verloren, maar er was een wezenlijk element van nederigheid en zuiverheid in gekomen. De toehoorders merkten dit duidelijk op en hadden er eerbied voor.

Voordat de dienst werd besloten, vroeg Maxwell de mensen die vorige week waren nagebleven of ze nogmaals wilden blijven voor wat overleg. Ook degenen die de belofte nu wilden afleggen, konden blijven. Toen hij klaar was, ging Henry de vergaderzaal binnen. Tot zijn grote verbazing zat deze bijna vol. Ditmaal was er ook een groot aantal jonge mensen gekomen, en ook enkele zakenlieden en leden van de kerkenraad waren aanwezig.

Evenals de vorige keer vroeg Maxwell de mensen om samen met hem te bidden. En ook nu werd dit beantwoord door een duidelijke aanwezigheid van Gods Geest. Niemand van de aanwezigen twijfelde eraan dat hun bedoelingen zo duidelijk overeenstemden met de wil van God, dat er een bijzondere zegen op rustte.

Ze bleven enige tijd bij elkaar om vragen te stellen en met elkaar te overleggen. Er was een eenheid zoals ze nooit eerder in hun gemeente hadden gekend. Iedereen begreep de actie van meneer Norman en hij beantwoordde nog een aantal vragen.

'Wat gaat er gebeuren nu u de zondagkrant niet meer uitgeeft?' vroeg Alexander Powers, die naast Edward Norman zat.

'Ik weet het nog niet. Ik neem aan dat ik abonnees en adverteerders kwijtraak. Dat verwacht ik tenminste.'

'Twijfelt u aan wat u hebt gedaan? Ik bedoel: hebt u er spijt van, of bent u bang dat het niet is wat Jezus zou hebben gedaan?'

'Niet in het minst. Maar om mezelf gerust te stellen, zou ik graag willen vragen of hier iemand is die denkt dat Jezus een zondagochtendkrant zou uitgeven?'

Het was even stil. Toen zei Jasper Chase: 'We lijken het hier allemaal over eens te zijn, maar ik heb me in de loop van de week verschillende malen afgevraagd hoe ik erachter kon komen wat Hij zou doen. Het is niet altijd gemakkelijk om een antwoord te geven op die vraag.'

'Dat probleem heb ik ook gehad,' zei Virginia Page. Ze zat bij Rachel Winslow. Iedereen die Virginia kende, vroeg zich af hoe zij haar belofte zou gaan houden. 'Ik vind het vooral moeilijk die vraag te beantwoorden met het oog op mijn geld. Onze Heer heeft nooit enig bezit gehad. In zijn voorbeeld zie ik niet hoe ik mijn bezit moet gebruiken. Ik studeer en bid. Ik geloof dat ik een gedeelte van wat Hij zou doen wel duidelijk zie, maar nog niet alles. Mijn vraag is eigenlijk: "Wat zou Hij met een miljoen dollar doen?" Ik moet bekennen dat ik hier nog geen bevredigend antwoord op kan geven.'

'Ik zou je wel kunnen zeggen wat je met een gedeelte ervan kunt doen,' zei Rachel, terwijl ze haar gezicht naar Virginia keerde.

'Daar maak ik me geen zorgen over,' antwoordde Virginia met een vluchtige glimlach. 'Ik probeer alleen een principe te ontdekken dat me in staat zal stellen om zo goed mogelijk te benaderen wat Hij zou hebben gedaan.'

'Daar is tijd voor nodig,' zei Henry Maxwell langzaam. Alle anderen dachten hetzelfde.

Nadat ze hun bijeenkomst hadden beëindigd met een stil gebed, dat werd gekenmerkt door de toenemende kracht van de goddelijke Tegenwoordigheid, ging iedereen zijns weegs terwijl ze hun problemen met elkaar bespraken en elkaar om raad vroegen.

Rachel Winslow en Virginia Page gingen samen weg. Edward Norman en Milton Wright raakten zo verdiept in hun gesprek, dat ze Normans huis voorbijliepen en terug moesten lopen. Jasper Chase en de voorzitter van de Endeavor Society stonden ernstig met elkaar te praten in een hoek van de zaal. En Alexander Powers, de spoorwegopzichter, bleef zelfs nog na met Henry Maxwell toen de anderen al lang weg waren.

'Ik wil graag dat u morgen naar de werkplaats komt om mijn plan te bekijken en tot de mannen te spreken. Ik heb het gevoel dat u op dit moment hen beter kunt bereiken dan wie dan ook.'

'Dat weet ik niet, maar ik zal komen,' antwoordde Maxwell een beetje bedroefd. Hoe kon hij voor twee- of driehonderd werklieden staan en hun een boodschap meegeven? Maar terwijl hij in een moment van zwakte die vraag stelde, vermaande hij zichzelf. Wat zou Jezus doen? Daarmee was de tweestrijd beëindigd.

De volgende dag ging hij erheen en vond Alexander Powers in zijn kantoor. Het was even voor twaalven en Powers zei: 'Kom mee naar beneden, dan laat ik u zien wat ik geprobeerd heb.'

Ze liepen door de werkplaats, beklommen een aantal trappen en liepen een grote zaal binnen, die als opslagruimte had gediend.

'Sinds die belofte van vorige week heb ik over een heleboel dingen nagedacht,' ging Powers verder, 'en één ervan is dit: ik heb van het bedrijf de beschikking gekregen over deze ruimte. Ik heb er tafels neergezet, en bij die stoompijpen komt een koffiehoek. Ik ben van plan een prettige ruimte te creëren, waar de mannen hun brood kunnen opeten en waar ze twee of drie keer per week kunnen luisteren naar een toespraak van een kwartier, over een onderwerp waar ze werkelijk wat aan hebben.'

Maxwell keek hem verbaasd aan en vroeg of de mannen voor zoiets zouden komen opdagen.

'Ja, ze zullen komen. Ik ken de mannen immers vrij goed. Ze horen bij de beste arbeiders van het land. Maar als groep zijn ze geheel afgesloten van elke kerkelijke invloed. Ik vroeg me af: "Wat zou Jezus doen?" En het leek mij dat Hij onder andere iets zou doen om deze mannen te voorzien van meer lichamelijk en geestelijk voedsel. Deze ruimte en waar ze voor staat is maar iets kleins, maar het was het eerste wat in me opkwam en ik wil dit idee uitwerken. Ik zou graag willen dat u de mannen toespreekt tijdens de lunch. Ik heb hun gevraagd te komen om deze ruimte te bekijken en ik zal hun er iets over vertellen.'

Maxwell schaamde zich ervoor om te zeggen hoe onzeker hij zich voelde, nu hij gevraagd was een paar woorden tot een groep arbeiders te zeggen. Hoe moest hij zonder aantekeningen spreken tot zoveel mensen? Hij had het werkelijk benauwd bij het vooruitzicht. Hij was bang om voor deze mensen te staan. Hij zag als een berg tegen de beproeving op. Deze groep was zo anders dan het vertrouwde publiek dat hij 's zondags voor zich had.

Er stonden meer dan tien lange tafels met banken in de ruimte. Toen de fluit voor de middagpauze klonk, dromden de mannen uit de werkplaatsen naar boven. Ze gingen aan de tafels zitten en begonnen hun brood op te eten. Het waren er ongeveer driehonderd. Ze hadden de aankondiging van de opzichter gelezen en kwamen grotendeels uit nieuwsgierigheid.

Evenals honderden andere predikanten had Henry Maxwell nog nooit gesproken voor andere mensen dan die van zijn eigen stand, die hem vertrouwd waren door hun kleding, opleiding en gewoonten. Dit was een nieuwe wereld voor hem. Als hij geen nieuwe leidraad in zijn leven had gehad, zou hij nooit tot deze boodschap en het effect ervan zijn gekomen. Hij sprak over tevreden zijn met het leven, hoe je dit kon bereiken, en wat de werkelijke bron ervan was. Deze eerste keer dat hij tot hen sprak, had hij het inzicht zich niet van hen te onderscheiden en hen niet als een klasse apart aan te spreken. Het woord 'arbeid' gebruikte hij niet, en er kwam geen woord over zijn lippen dat een verschil suggereerde tussen hun leven en dat van hem.

De mannen vonden het fijn. Velen van hen gaven hem een hand, voordat ze weer aan hun werk gingen. Toen hij thuis alles aan zijn vrouw vertelde, zei hij dat hij het nog nooit zo fijn had gevonden om een hand te krijgen van iemand die lichamelijk werk deed. Deze dag was belangrijk in zijn christelijke ervaring, belangrijker dan hij besefte. Het was het begin van een band tussen hem en de arbeiderswereld.

Het was de eerste plank voor een brug over de kloof tussen de kerk en de arbeiders in Raymond.

Alexander Powers begon tevreden aan zijn routinewerk. De mannen hadden beter gereageerd dan hij had verwacht.

Het was bijna vier uur, toen hij één van de lange enveloppen van het bedrijf openmaakte. Hij verwachtte dat er opdrachten in zaten om voorraden aan te kopen. Op zijn vlugge, zakelijke manier las hij de eerste getypte bladzijde. Pas toen besefte hij wat hij aan het lezen was. Dit was niet voor hem bestemd, maar voor de opzichter van de goederenafdeling.

Werktuigelijk sloeg hij de bladzijde om en voordat hij het wist, zag hij dat deze papieren bewezen dat zijn bedrijf systematisch de handelswetten van de Verenigde Staten overtrad. Er werden ongeoorloofde kortingen gegeven aan collega-bedrijven. Dat was in strijd met de antitrustmaatregelen, die moesten voorkomen dat enkele spoorwegmaatschappijen een monopoliepositie kregen.

Hij liet de papieren op zijn bureau vallen alsof ze giftig waren, en onmiddellijk schoot de vraag door zijn gedachten: 'Wat zou Jezus doen?' Hij probeerde er niet aan te denken. Hij probeerde zich ervan af te maken, door te zeggen dat hij er niets mee te maken had. Evenals de andere beambten van het bedrijf had hij min of meer zeker geweten dat dit gebeurde. Bij alle andere spoorwegmaatschappijen gebeurde het overigens ook. Zijn positie in het bedrijf had hem niet in staat gesteld directe bewijzen te leveren en hij had het beschouwd als een zaak die hem niet aanging. De papieren die nu voor hem lagen, onthulden de hele zaak. Door een onzorgvuldigheid waren ze aan hem gericht. Wat had hij hiermee te maken? Als hij een inbreker het huis van zijn buurman zag binnendringen, was het dan niet zijn plicht de dienaren van de wet daarvan op de hoogte te stellen? Was een spoorwegmaatschappij zo anders? Viel die onder een andere gedragsregel, en mocht die het volk bestelen, de wet overtreden en ongemoeid blijven omdat het zo'n grote organisatie was? Wat zou Jezus doen? Dan was daar nog zijn gezin. Als hij deze overtreding zou aangeven, zou hij natuurlijk zijn baan verliezen. Zijn vrouw en dochter waren gewend aan een luxeleven en genoten een goede positie in de maatschappij. Als hij als getuige zou optreden tegen deze wetsovertreding, zou hij voor het gerecht moeten komen. Zijn motieven zouden verkeerd worden begrepen en de hele zaak zou uitlopen op een schandaal en het verlies van zijn positie. Nee, hij had er echt niets mee te maken. Hij kon de papieren gemakkelijk naar de goederenafdeling sturen, en geen haan zou ernaar kraaien. Laat de ongerechtigheid maar voortduren, laat de wet maar overtreden worden. Wat had hij ermee te maken? Hij zou gewoon de plannen verder uitwerken om de omstandigheden van zijn eigen mannen te verbeteren. Wat kon een mens nog meer doen bij deze spoorwegmaatschappij, waar toch al te veel dingen gebeurden die het onmogelijk maakten om naar een christelijke maatstaf te leven? Maar wat zou Jezus doen als Hij de feiten kende? Dat was de vraag waarmee Alexander Powers die dag werd geconfronteerd.

De lichten in het kantoor waren aangegaan. Het gebrom van de grote motor en het lawaai van de schaafmachine in de werkplaats gingen door tot zes uur. Toen klonk de fluit en de motoren werden stilgezet. De arbeiders legden hun gereedschap neer en liepen vlug naar de uitgang.

Powers hoorde het vertrouwde geluid van de mannen die langs het gebouw voorbij zijn raam liepen. Hij zei tegen zijn secretaris: 'Ik ga nog niet weg. Ik heb vanavond wat ex-

tra werk.' Hij wachtte totdat hij de laatste man voorbij het
gebouw had horen lopen. De ingenieur en zijn assistenten
werkten een halfuur langer, maar zij gingen door een andere
deur naar buiten.

Iedereen die om zeven uur in het kantoor van de opzichter had gekeken, zou iets heel ongebruikelijks hebben gezien. Hij zat geknield voor zijn bureau, zijn gezicht verborgen in zijn handen, rustend op de papieren.

6
Rachels nieuwe toekomst

Toen Rachel Winslow en Virginia Page na de eerste bijeenkomst op zondag in de Grote Kerk uit elkaar waren gegaan, hadden ze besloten hun gesprek de volgende dag voort te zetten. Virginia vroeg of Rachel bij haar wilde komen lunchen, en dus belde Rachel de volgende dag om halftwaalf aan bij huize Page. Virginia deed zelf open en algauw waren de twee in een ernstig gesprek gewikkeld.

'Volgens mij,' zei Rachel, nadat ze even gepraat hadden, 'is het niet te verenigen met wat Christus volgens mij zou doen. Ik kan iemand anders niet vertellen wat hij moet doen, maar ik geloof dat ik dit aanbod moet afslaan.'

'Wat ga je dan doen?' vroeg Virginia geïnteresseerd.

'Ik weet het nog niet, maar ik heb besloten niet in te gaan op dit aanbod.'

Rachel pakte een brief van haar schoot en liet haar ogen over de tekst glijden. Het was een brief van de impressario van een luchtige opera, waarin hij haar dit seizoen een plaats aanbod in een groot reisgezelschap. Het salaris was hoog en het toekomstbeeld dat de impressario schetste was heel aantrekkelijk. Hij had Rachel horen zingen op die zondagochtend toen de vreemdeling de dienst had onderbroken. Hij was erg onder de indruk. Er zat geld in die stem en die moest worden gebruikt in een luchtige opera. Dat stond allemaal in de brief en de manager wilde dat ze zo snel mogelijk zou reageren.

'Het is niet zo moeilijk om nee te zeggen tegen dit aanbod omdat ik dat andere aanbod nog heb,' ging Rachel bedachtzaam verder. 'Dat is een nog moeilijker beslissing, maar ik heb mijn keuze gemaakt. Om eerlijk te zijn, Virginia, ik ben er bij dit eerste aanbod van overtuigd dat Jezus een talent als een goede stem nooit alleen maar zou gebruiken om er geld mee te verdienen. Maar neem nu dit tweede aanbod. Het is een gezelschap dat goed bekendstaat en zal rondreizen met een imitator, een violist en een mannenkwartet. Allemaal mensen met een goede reputatie. Ze hebben gevraagd of ik me bij het gezelschap wil voegen om de sopraan te zingen. Het salaris – dat heb ik toch al genoemd? – zal dit seizoen elke maand zeker vijfhonderd dollar zijn. Maar ik ben er niet zeker van of Jezus zou gaan. Wat denk jij?'

'Je moet mij niet vragen om voor jou te beslissen,' antwoordde Virginia met een droeve glimlach. 'Ik denk dat dominee Maxwell gelijk had toen hij zei dat we ieder voor zich naar onze eigen ideeën moeten beslissen wat christelijk is. Ik vind het nog moeilijker dan jij om erachter te komen wat Jezus zou doen.'

'O ja?' vroeg Rachel. Ze stond op, liep naar het raam en keek naar buiten. Virginia kwam naast haar staan. Het was druk in de straat en de twee jonge vrouwen keken een ogenblik zwijgend naar buiten. Plotseling barstte Virginia los, zoals Rachel haar nog nooit had gehoord:

'Rachel, wat betekent al het standsverschil voor jou als je je afvraagt wat Jezus zou doen? Het maakt me razend als ik bedenk dat de kringen waarin ik ben grootgebracht, de kringen waarin ook jij thuishoort, het prima vinden dat ze zich jaar in jaar uit goed kleden, eten en zich vermaken. Ze geven feesten en besteden veel geld aan huizen en luxedingen. Om hun geweten te sussen, geven ze wat geld aan liefdadigheidsinstellingen, zonder dat het persoonlijke offers kost. Net als jij heb ik op één van de duurste scholen van Amerika gezeten. Ik ben in de hoogste kringen opgenomen, omdat ik veel geld heb. Er wordt gezegd dat ik een benijdenswaardige positie heb. Alles gaat even goed. Ik kan gaan en staan waar ik wil, doen wat ik wil. Ik kan aan bijna iedere wens of ieder verlangen voldoen. En toch, als ik me eerlijk probeer voor te stellen of Jezus zo zou leven als ik... en zoals duizenden rijke mensen doen, voel ik me schuldig, en ben ik één van de slechtste, meest egoïstische schepsels ter wereld.'

De lunch werd aangekondigd en ze liepen de kamer uit. Ook Virginia's grootmoeder, een knappe, statige vrouw van vijfenzestig jaar, voegde zich bij hen, samen met Virginia's broer Rollin, een jongeman die het grootste deel van zijn tijd in één van de clubs doorbracht en geen enkele ambitie had, maar wel een groeiende bewondering voor Rachel Winslow aan de dag legde. Rollin zorgde er altijd voor dat hij thuis was wanneer Rachel bij hen at.

'Ik heb begrepen dat je bij het toneel gaat, juffrouw Winslow. Ik weet zeker dat het geweldig zal zijn,' zei Rollin tijdens het gesprek dat niet erg had willen vlotten.

Rachel kreeg een kleur en raakte enigszins geërgerd. 'Wie heeft jou dat verteld?' vroeg ze. Virginia, die erg stil en gereserveerd was geweest, schrok op en leek zich in het gesprek te willen mengen.

'O, we horen hier en daar wel eens wat. Bovendien heeft iedereen Crandall, de impressario, twee weken geleden in de kerk gezien. Die gaat niet naar een kerk om naar de preek te luisteren. Trouwens, er zijn nog meer van zulke mensen. Die gaan niet als er niets beters te horen is dan de preek.'

Ditmaal bloosde Rachel niet maar antwoordde rustig: 'Je hebt het mis. Ik ga niet bij het toneel.'

'Dat is heel jammer. Je zou veel succes hebben. Iedereen heeft het over je stem.'

'Laten we over iets anders praten,' zei Rachel een beetje scherp. Mevrouw Page keek haar aan en sprak met vriendelijke hoffelijkheid.

'Rachel, Rollin maakt nooit indirecte complimenten. Dat heeft hij van zijn vader. Maar we zijn allemaal nieuwsgierig naar je plannen. We vinden dat we daar als oude bekenden recht op hebben; en Virginia heeft ons verteld over het aanbod dat je van het muziekgezelschap hebt gekregen.'

'Ik nam natuurlijk aan dat dat algemeen bekend was,' zei Virginia, die over de tafel naar haar glimlachte.

'Jaja,' antwoordde Rachel haastig. 'Dat begrijp ik, mevrouw Page. Virginia en ik hebben erover gesproken, en ik heb besloten het aanbod niet aan te nemen. Dat is alles wat ik nu weet.'

Rachel was zich ervan bewust dat het gesprek haar aarzelingen over het aanbod van het muziekgezelschap had verminderd, en dat ze een besluit had genomen dat volgens haar volkomen verenigbaar was met wat Jezus waarschijnlijk zou doen.

Ze zou deze beslissing nooit zo in het openbaar hebben genomen als nu. Maar op één of andere manier hadden de woorden van Rollin, en vooral de manier waarop hij ze had gesproken, haar beslissing bespoedigd.

'Rachel, zou je ons willen vertellen waarom je het aanbod hebt afgeslagen? Het lijkt me een geweldige kans voor een jong meisje als jij. Denk je niet dat het grote publiek je zou moeten horen? Wat dat betreft ben ik het met Rollin eens. Jouw stem verdient een groter publiek dan dat van de Grote Kerk in Raymond.'

Rachel Winslow was van nature heel terughoudend. Ze

sprak niet snel over haar plannen of gedachten. Maar ondanks deze reserves kon ze soms plotseling in een opwelling volkomen eerlijk haar diepste gevoelens uiten. En nu
antwoordde ze mevrouw Page op één van die zeldzame
momenten van openheid die haar karakter zo aantrekkelijk
maakten: 'Ik heb geen andere reden dan de overtuiging dat
Jezus Christus hetzelfde zou doen,' zei ze en ze keek mevrouw Page ernstig aan.

Mevrouw Page keek verbijsterd en Rollin staarde Rachel
aan. Voordat haar grootmoeder iets kon zeggen, begon Virginia te spreken. De kleur op haar wangen liet zien hoezeer
het haar raakte.

'Grootmoeder, u weet dat we beloofd hebben dat dit een
jaar lang onze richtlijn zou zijn bij alles wat we doen. Dominee Maxwells voorstel is duidelijk geweest voor iedereen
die het heeft gehoord. We hebben onze besluiten niet heel
snel genomen. Het is moeilijk om te weten wat Jezus zou
doen, het heeft ons erg in de war gebracht.'

Mevrouw Page keek Virginia scherp aan voordat ze iets zei.
'Ik begrijp best wat dominee Maxwell heeft beweerd. Het is
volkomen onmogelijk dat in praktijk te brengen. Ik was er
zeker van dat iedereen die de belofte heeft gedaan, daar wel
achter zou komen zodra ze probeerden zich eraan te houden,
en dat ze het dan als een absurd en onhaalbaar idee naast zich
neer zouden leggen. Ik heb niets over juffrouw Winslows
aangelegenheden te zeggen, maar,' ze zweeg even en sprak
verder met een scherpte die voor Rachel nieuw was, 'ik hoop
dat jij geen vreemde ideeën krijgt, Virginia.'

'Ik heb een heleboel ideeën,' antwoordde Virginia rustig. 'Of ze dwaas zijn of niet, hangt af van het feit of ik goed
begrijp wat Hij zou doen. Zodra ik daar achter ben, voer ik
mijn plannen uit.'

'Neem me niet kwalijk, dames,' zei Rollin en stond van tafel op. 'Dit gesprek is voor mij te diepzinnig. Ik trek me terug in de bibliotheek om een sigaar te roken.'

Hij liep de eetkamer uit en er viel een korte stilte.

'Ach, je zult er wel anders tegenaan gaan kijken als je er beter over nagedacht hebt. Lieve juffrouw Winslow,' vervolgde mevrouw Page, terwijl ze van tafel opstond, 'u zult er uw hele leven spijt van hebben als u dit aanbod van het muziekgezelschap of ieder ander aanbod niet aanneemt.'

Rachel zei iets wat verraadde dat ze nog in tweestrijd stond. Even later vertrok ze. Ze had het vermoeden dat haar vertrek gevolgd zou worden door een zeer pijnlijk gesprek tussen Virginia en haar grootmoeder. Later hoorde ze dat Virginia tijdens die scène met haar grootmoeder door een emotionele crisis was gegaan, die haar beslissing over het gebruik van haar geld en haar positie had bespoedigd.

7
Een bijzondere tentdienst

Rachel was blij dat ze weg kon en even alleen was. Er vormde zich langzaam een plan in haar gedachten en ze wilde graag alleen zijn om het uit te denken. Maar voordat ze twee huizenblokken verder was, merkte ze tot haar grote ergernis dat Rollin Page naast haar was komen lopen.

'Het spijt me dat ik je stoor in je overpeinzingen, juffrouw Winslow, maar ik liep toevallig dezelfde kant op als jij, en ik dacht dat je het niet erg zou vinden als ik naast je kwam lopen. Ik loop al een tijdje naast je en je hebt geen bezwaar gemaakt.'

'Ik had je niet gezien,' antwoordde Rachel.

'Dat zou ik niet erg vinden, als je af en toe maar aan me dacht,' zei Rollin plotseling.

Het verraste Rachel, maar ze was niet verbaasd. Ze kende Rollin al van jongs af aan. Vandaag wenste ze werkelijk dat hij ergens anders was.

'Denk je wel eens aan me, juffrouw Winslow?' vroeg Rollin na een korte stilte.

'O ja, heel vaak!' zei Rachel glimlachend.

'Denk je nu aan me?'

'Ja, dat wil zeggen... ja.'

'Wat denk je dan?'

'Wil je dat ik heel eerlijk ben?'

'Natuurlijk.'

'Ik zou willen dat je hier niet was.'

Rollin beet op zijn lip en keek somber.

'Luister eens, juffrouw Rachel – ik weet dat ik je zo niet mag noemen, maar ik moet het toch een keer doen – je weet wat ik van je vind. Waarom behandel je me zo? Vroeger vond je me wel aardig, weet je. Is er geen enkele hoop? Ik kan je gelukkig maken. Ik houd al vele jaren van je... Zou je... dat wil zeggen... denk je... als je me de tijd gaf, zou ik dan...'

'Nee!' zei Rachel. Ze sprak vastbesloten.

'Kun je me zeggen waarom niet?' Hij stelde de vraag alsof hij recht had op een eerlijk antwoord.

'Omdat ik voor jou niet de gevoelens heb die een vrouw zou moeten hebben voor de man met wie ze trouwt.'

'Met andere woorden, je houdt niet van me?'

'Nee, en dat zou ik niet kunnen ook.'

'Waarom niet?'

Dat was een heel andere vraag, en Rachel was een beetje overrompeld dat hij die stelde.

'Omdat...' Ze aarzelde uit angst dat ze te veel zou zeggen in een poging de waarheid te spreken.

'Zeg het maar. Je kunt me niet meer pijn doen dan je al gedaan hebt.'

'Nou, ik houd niet van je, en ik zou het ook nooit kunnen, want je hebt geen doel in je leven. Wat doe je eigenlijk om de wereld te verbeteren? Je verdoet je tijd in clubs en met feesten, reizen en een luxeleven. Wat is er aantrekkelijk aan zo'n leven voor een vrouw?'

'Niet veel, denk ik,' zei Rollin en hij lachte bitter. 'Toch ben ik volgens mij niet slechter dan de andere mannen met wie ik omga. Ik ben niet zo slecht als sommigen van hen. Ik ben blij dat ik je redenen nu ken.'

Hij bleef plotseling staan, nam zijn hoed af, boog plechtig en draaide zich om. Rachel liep door naar huis en ging snel naar haar kamer. Ze was nogal in de war door de gebeurtenis die zo onverwachts op haar was afgekomen.

Toen ze over alles nadacht, besefte ze dat de beschuldiging die ze over Rollin Page had uitgesproken ook haar veroordeelde. Wat had zij voor doel in haar leven? Ze zat een hele tijd in haar kamer en ging ten slotte naar beneden, vastbesloten een eerlijk gesprek te voeren met haar moeder.

Omdat ze tegen het gesprek opzag, kwam Rachel onmiddellijk ter zake. 'Moeder, ik heb besloten me niet bij het gezelschap aan te sluiten. Ik heb er een goede reden voor. Herinnert u zich de belofte van twee weken geleden nog?'

'Die van dominee Maxwell?'

'Nee, die van mij. U weet toch wat die was, moeder?'

'Ja, volgens mij wel. Natuurlijk proberen alle kerkleden als Christus te zijn en Hem te volgen, voor zover dat mogelijk is in de hedendaagse wereld. Maar wat heeft dat te maken met jouw beslissing over het muziekgezelschap?'

'Het heeft er alles mee te maken. Nadat ik me had afgevraagd: "Wat zou Jezus doen?" en nadat ik de gezaghebbende bron van wijsheid had geraadpleegd, moest ik erkennen dat Hij volgens mij zijn stem niet op die manier zou gebruiken, als Hij in mijn plaats stond.'

'Hoezo? Is er iets verkeerd aan zo'n carrière?'

'Nee, dat kan ik volgens mij niet zeggen.'

'Denk je dat je andere mensen die wel op deze manier zingen mag veroordelen? Durf je te zeggen dat zij iets doen wat Christus niet zou doen?'

'Moeder, u moet me goed begrijpen. Ik veroordeel niemand. Ik veroordeel niemand die voor zijn beroep zingt. Ik beslis alleen over wat ik zelf moet doen. Als ik alles overweeg, dan denk ik dat Jezus iets anders zou doen.'

Mevrouw Winslow stond op, maar ging meteen weer

zitten. Met veel moeite beheerste ze zich. 'Wat wil je dán doen? Dat heb je nog niet gezegd.'

'Ik blijf voorlopig in de kerk zingen. Ik heb toegezegd dat ik dat tot na het voorjaar zou doen. Door de week ga ik zingen in de White Cross bijeenkomsten in de Rectangle.'

'Wat! Rachel Winslow! Weet je wel wat je zegt? Weet je wel wat voor mensen daar komen?'

'Dat weet ik heel goed. Daarom ga ik ook. Meneer en mevrouw Gray werken er al een paar weken. Pas vanmorgen hoorde ik dat ze mensen uit de kerken nodig hebben die kunnen zingen, en die hen willen helpen in de samenkomsten. Ze gebruiken een tent en staan in een deel van de stad waar christelijk werk het meest nodig is. Ik ga hun mijn hulp aanbieden. Ik wil iets doen wat mij een offer kost. Ik weet dat u me niet zult begrijpen, maar ik wil graag ergens voor lijden. Wat hebben wij in ons leven gedaan voor het noodlijdende, zondige deel van Raymond? In hoeverre hebben we onszelf verloochend of ons eigen gemak en plezier opgegeven om de plaats waar we wonen te zegenen, of net zo te leven als de Redder van de wereld? Blijven we altijd maar doen wat de egoïstische maatschappij ons voorschrijft? Blijven we ronddraaien in het kleine kringetje van pleziertjes en feesten; en leren we nooit de pijn kennen van dingen die ons iets kosten?'

'Sta je tegen me te preken?' vroeg mevrouw Winslow langzaam. Rachel stond op en begreep wat haar moeder bedoelde.

'Nee, ik preek tegen mezelf,' zei ze zacht. Ze was even stil, alsof ze verwachtte dat haar moeder nog iets zou zeggen en toen liep ze de kamer uit. Ze begreep dat ze niet hoefde te rekenen op enige sympathie van haar moeder.

Op haar eigen kamer knielde ze neer. Je kon rustig zeggen

dat in de twee weken nadat de sjofele man met de vale hoed in de kerk van Henry Maxwell was geweest, meer gemeenteleden op hun knieën waren gegaan dan in de hele periode dat hij in de gemeente stond.

Toen Rachel opstond, was haar gezicht nat van tranen. Even dacht ze diep na en schreef toen een briefje aan Virginia Page, dat ze meteen per koerier verstuurde. Daarna ging ze naar beneden en vertelde haar moeder dat zij en Virginia die avond naar de Rectangle zouden gaan om het evangelistenechtpaar Gray te ontmoeten.

'Virginia's oom, dokter West, gaat met ons mee. Hij is een vriend van meneer en mevrouw Gray en heeft in de afgelopen winter een aantal van hun samenkomsten bezocht. Dominee Maxwell zal er ook zijn.'

Mevrouw Winslow zei niets. Uit haar manier van doen bleek dat ze het grondig oneens was met wat Rachel ging doen. Rachel voelde haar onuitgesproken bitterheid.

Om zeven uur verschenen dokter West en Virginia, en samen gingen ze op weg.

De Rectangle was de beruchtste wijk van Raymond. De Grote Kerk van Raymond had er zich altijd afzijdig van gehouden. De wijk was te smerig, te ruw, te zondig, te afschuwelijk om bemoeienis mee te hebben. Verschillende kerken hadden af en toe een zanggroep, enkele zondagsschoolleraren of predikanten gestuurd, in een poging deze slechte wijk te verbeteren. Maar de Grote Kerk van Raymond had in de loop der jaren nog nooit werkelijk iets gedaan om ervoor te zorgen dat de Rectangle uit de greep van de duivel zou komen.

In het hart van dit ruwe gedeelte van Raymond hadden de reizende evangelist en zijn dappere vrouw een grote tent opgezet en waren er samenkomsten begonnen. Het was voorjaar en de avonden werden zachter. De evangelist had de hulp van christenen ingeroepen en de reacties waren erg bemoedigend. Maar hij voelde een grote behoefte aan betere muziek. Tijdens de samenkomsten van afgelopen zondag was de organist ziek geworden. Er waren maar weinig vrijwilligers in de stad en hun stemmen waren van gemiddelde kwaliteit.

'Er zullen vanavond vast niet veel mensen komen, John,' zei zijn vrouw, terwijl ze even na zevenen de tent binnengingen om de stoelen klaar te zetten en de lichten aan te steken.

'Nee, daar ben ik ook bang voor.' Meneer Gray was een kleine energieke en moedige man met een plezierige stem. Hij had al vrienden gemaakt in de buurt. Eén van zijn bekeerlingen, een man met een dik gezicht, was net binnengekomen en begon te helpen om de stoelen klaar te zetten.

De samenkomst begon met een lied. Rachel zong het couplet en de mensen werd gevraagd het refrein mee te zingen. Alle stoelen waren bezet, er was zelfs geen staanplaats meer in de tent. Het was een zachte avond. De zijdoeken van de tent waren opgerold en buiten stonden vele nieuwsgierigen te luisteren.

Na het zingen en een gebed door één van de aanwezige dominees uit de stad legde Gray uit dat hij zwaar verkouden was en zijn stem was kwijtgeraakt. Op zijn eenvoudige manier gaf hij het woord aan 'broeder Maxwell van de Grote Kerk'.

'Wie is die kerel?' vroeg een schorre stem achter in de tent.

'Da's de dominee van de Grote Kerk. 't Is hier vanavond een deftige boel!'

'Zei je de Grote Kerk? Ik ken hem. Mijn pachtheer zit altijd bij hem op de eerste rij,' zei een andere stem, en er werd gelachen, want het was de kroegbaas die dit zei.

'O, grijp vast de doorboorde hand!' begon een dronken man vlak bij hem te zingen. Onbewust imiteerde hij de nasale stem van een rondreizende zanger die in Raymond woonde, zodat de mensen om hem heen uitbarstten in bulderend gelach en spottende aanmoedigingen. De mensen in de tent draaiden zich om in de richting van het rumoer. Er werden dingen geroepen als 'Weg met die vent!', 'Geef de Grote Kerk een kans!' en 'Zingen, zingen! Zing nog een lied voor ons.'

Henry Maxwell stond op en een enorme vrees overviel hem. Dit was iets heel anders dan een preek houden voor de goedgeklede, fatsoenlijke, welgemanierde mensen van zijn gemeente. Hij begon te spreken, maar de onrust in de tent nam toe. Gray begaf zich onder de menigte, maar het zag er niet naar uit dat hij die kon bedaren. Maxwell hief zijn arm op en verhief zijn stem. De mensen in de tent begonnen wat aandacht op hem te richten, maar het rumoer buiten werd luider. Binnen een paar minuten had Maxwell het publiek niet meer in de hand. Hij draaide zich met een treurige glimlach om naar Rachel.

'Zing maar iets, juffrouw Winslow. Naar u luisteren ze wel,' zei hij. Daarna ging hij zitten en verborg zijn gezicht in zijn handen.

Dit was Rachels kans en ze was er volkomen tegen opgewassen. Virginia zat aan het orgel en Rachel vroeg haar een paar noten van het lied te spelen.

Redder, ik volg U
Ik word door U geleid.
Ik zie de hand die mij leidt
nu nog niet.

Laat mijn hart stil en gerust zijn,
Laat ik geen kwaad vrezen.
Het zal alleen mijn verlangen zijn
om uw wil te doen.

Rachel had de eerste regel nog niet gezongen of de mensen in de tent hadden zich allemaal naar haar gekeerd en werden stil en eerbiedig. Voordat het lied uit was, was iedereen in de tent tot bedaren gekomen.

Het lied was voorbij. Maxwell stond weer op. Ditmaal voelde hij zich rustiger. Wat zou Jezus doen? Hij sprak zoals hij nooit had gedacht te kunnen spreken. Wie waren deze mensen? Ze waren onsterfelijke zielen. En wat was christendom? Een oproep voor zondaren, niet voor rechtvaardigen, tot bekering. Hoe zou Jezus spreken? Wat zou Hij zeggen? Nog nooit eerder had hij 'bewogenheid voor de massa' gevoeld. Maar nu hij vanavond voor de menigte stond, vroeg hij zich af of dit eigenlijk niet de menigte was waarvoor Jezus het vaakst had gestaan. Hij had een oprecht gevoel van liefde voor een grote groep mensen, en was dit gevoel niet één van de beste bewijzen voor een predikant dat hij zich betrokken voelde bij het eeuwige lot van de wereld? Het is eenvoudig om een individuele zondaar lief te hebben, vooral als dat een opvallend of interessant iemand is. Een menigte zondaars liefhebben is duidelijk een christelijke kwaliteit.

De zaterdagavond daarop was de Rectangle getuige van één van de opmerkelijkste gebeurtenissen die meneer en mevrouw Gray ooit hadden meegemaakt. Sinds Rachel in de samenkomsten was komen zingen, waren deze steeds groter geworden en hadden ze meer diepgang gekregen. Een vreemdeling die overdag door de Rectangle liep, had heel wat over de samenkomsten kunnen horen. Je kon tot op die zaterdagavond niet zeggen dat er merkbaar minder werd gevloekt en gedronken, of dat er minder onreinheid was. De Rectangle zou niet hebben toegegeven dat er enige verbetering was of dat de liederen de manieren hadden verzacht. De Rectangle was er trots op 'keihard' te zijn. Maar ondanks zichzelf gaf de wijk zich over aan een kracht die ze nooit had gekend en die zij niet goed genoeg kende om er van tevoren weerstand aan te bieden.

Gray had zijn stem weer terug, zodat hij kon spreken. Omdat hij er nog wel voorzichtig mee moest zijn, moesten de mensen zich erg rustig houden als ze hem wilden horen. Langzamerhand waren ze gaan begrijpen dat deze man al deze weken uit onbaatzuchtige liefde had gesproken, en hun zijn tijd en kracht had gegeven om hun over de Redder te vertellen. Deze avond was de grote menigte net zo stil als het nette publiek van Henry Maxwell altijd was. Er stonden nóg meer mensen buiten de tent, en de kroegen waren bijna leeg. De Heilige Geest was eindelijk gekomen, en Gray wist dat één van zijn voornaamste gebeden verhoord ging worden.

En Rachel... haar gezang was het beste, het mooiste wat Virginia ooit had gehoord. Ze waren weer allebei gekomen. Ook dokter West was er weer. Hij had die week al zijn vrije tijd in de Rectangle doorgebracht om zieke mensen te behandelen zonder ervoor betaald te worden. Virginia zat achter het orgel.

Zoals ik ben, zonder andere pleitgrond
dan dat uw bloed voor mij werd vergoten
en dat U mij vroeg tot U te komen,
kom ik, o Lam van God. Ik kom.

Gray zei bijna niets. Hij strekte zijn hand uit in een uitnodigend gebaar, en langs de twee gangpaden in de tent kwamen gebroken, zondige schepselen naar voren, mannen en vrouwen. Een prostituee ging vlak bij het orgel staan. Virginia zag de uitdrukking op haar gezicht, en voor de eerste keer in het leven van deze rijke, jonge vrouw voelde ze wat Jezus voor deze zondige vrouw betekende, met een kracht die niet anders te beschrijven is dan een wedergeboorte. Virginia kwam achter het orgel vandaan, liep op haar toe, keek haar aan en pakte haar handen vast. De prostituee beefde en viel toen snikkend op haar knieën. Ze legde haar hoofd op de ruwe bank die voor haar stond en hield Virginia nog steeds vast. Na een korte aarzeling knielde Virginia naast haar neer en omarmde haar.

Maar toen de mensen in een dubbele rij over het hele podium verspreid waren, kwam er een man tussen de stoelen door naar voren gelopen. In zijn nette avondkleding zag hij er heel anders uit dan de mensen van de Rectangle. Hij knielde neer naast de dronken man die de samenkomst had verstoord toen Maxwell had gesproken. Hij zat een meter bij Rachel Winslow vandaan, die nog steeds zachtjes aan het zingen was. Toen ze zich even omdraaide en in zijn richting keek, zag ze tot haar verbazing het gezicht van Rollin Page! Even haperde haar stem. Daarna zong ze verder:

Zoals ik ben, wilt U mij aannemen.
U wilt mij verwelkomen, vergeven, reinigen,
geruststellen,
omdat ik uw belofte geloof.
O Lam van God, ik kom, ik kom.

8
De hoer Loreen

Toen Virginia op een middag het huis uit ging om haar nieuwe plannen met Rachel te bespreken, kwamen er drie van haar deftige vriendinnen in een koets aangereden. Virginia liep de oprijlaan af en bleef even met hen staan praten. Ze kwamen niet op visite, maar vroegen of Virginia met hen meeging naar het park. Er zou een optreden zijn en het was prachtig weer.

'Waar heb je al die tijd gezeten, Virginia?' vroeg één van de meisjes, terwijl ze haar speels met een kleine, roodzijden parasol op de schouder tikte. 'We hebben gehoord dat je in de showbusiness bent gegaan. Vertel er eens wat over.'

Virginia ergerde zich, maar na een korte aarzeling vertelde ze over haar ervaringen in de Rectangle. De meisjes begonnen werkelijk geïnteresseerd te raken.

'Weet je wat? Laten we vanmiddag met Virginia gaan "sloppen" in plaats van naar het optreden te gaan. Ik ben nog nooit in de Rectangle geweest. Ik heb gehoord dat het een heel verdorven wijk is en dat er een heleboel te zien is. Virginia is onze gids. Het wordt...' 'Enig' had ze willen zeggen, maar Virginia's blik maakte dat ze daarvoor in de plaats het woord 'interessant' gebruikte.

Virginia zag plotseling een kans in de ijdele nieuwsgierigheid van de meisjes. Ze hadden nog nooit de zonde en ellende van Raymond gezien. Waarom zouden ze dat niet mogen zien, ook al was hun enige motief dat ze zich een middag wilden vermaken?

'Goed, ik ga met jullie mee. Maar jullie moeten precies doen wat ik zeg, dan zal ik jullie meenemen naar de plaatsen waar het meeste te zien is,' zei ze, terwijl ze in de koets stapte en naast het meisje ging zitten dat het uitstapje had voorgesteld.

'Kunnen we niet beter een politieagent meenemen?' zei één van de meisjes met een zenuwachtig lachje.

'Het is daar niet helemaal veilig, weet je.'

'Het is niet gevaarlijk,' zei Virginia kort.

'Is het waar dat je broer Rollin bekeerd is?' vroeg het meisje en ze keek Virginia nieuwsgierig aan. Het maakte indruk op haar dat alle drie haar vriendinnen haar nauwlettend aankeken, alsof ze heel eigenaardig was.

'Dat is inderdaad zo.'

'Ik heb begrepen dat hij de clubs langsgaat om met zijn oude vrienden te praten en dat hij tegen hen probeert te preken. Is dat niet vreemd?' zei het meisje met de rode parasol.

Virginia gaf geen antwoord en de andere meisjes begonnen het al wat minder leuk te vinden toen de koets een straat indraaide die naar de Rectangle leidde. Naarmate ze de wijk dichter naderden, werden ze nerveuzer.

'Laten we teruggaan. Ik heb genoeg gezien,' zei het meisje dat naast Virginia zat.

Op dat ogenblik reden ze juist langs een beruchte bar en een goktent. De straat was smal en er liepen veel mensen op de stoep. Plotseling kwam er uit deze kroeg een jonge vrouw naar buiten wankelen. Ze zong met een gebroken, dronken snik, die erop leek te wijzen dat ze zich gedeeltelijk bewust was van haar vreselijke toestand. 'Zoals ik ben, zonder andere pleitgrond...' Toen de koets langsreed, gluurde ze ernaar. Virginia kon haar gezicht van heel dichtbij zien. Het was het gezicht van het

meisje dat op die ene avond snikkend was geknield en voor wie Virginia, die toen naast haar zat, had gebeden.

'Stop!' riep Virginia en ze gebaarde naar de koetsier die omkeek. Het rijtuig stopte en even later was ze er al uit. Ze liep op het meisje toe en pakte haar bij de arm. 'Loreen!' was alles wat ze zei. Het meisje keek haar aan en haar gezicht vertrok van afgrijzen. De meisjes in het rijtuig keken met stomme verbazing toe. De kroegbaas was in de deuropening gaan staan, met zijn handen in zijn zij. Omstanders keken afwachtend en met onverholen verbazing naar de twee meisjes.

Nu ze dicht bij Loreen stond, keek Virginia in het rond en besefte glashelder wat hier aan de hand was. Ze dacht het eerst aan de meisjes in het rijtuig.

'Rij maar door. Wacht niet op me. Ik ga mijn vriendin naar huis brengen,' zei ze kalm. De meisjes leken sprakeloos.

'Rij door. Ik kan niet met jullie teruggaan,' zei Virginia. De koetsier liet de paarden weer langzaam verder lopen.

'Kunnen we niet… eh… heb je onze hulp nodig? Zou je niet…?'

'Neenee,' riep Virginia uit. 'Jullie kunnen me niet helpen.'

De koets reed weg en Virginia stond alleen voor haar taak. Ze keek om zich heen. Veel mensen waren welwillend. Niet iedereen was wreed of grof. De Heilige Geest had veel verzacht in de Rectangle.

'Waar woont ze?' vroeg Virginia.

Niemand gaf antwoord. Toen Virginia later tijd had om erover na te denken, bedacht ze dat de Rectangle met dit droeve zwijgen een fijngevoeligheid aan de dag had gelegd waar de welgestelden van de samenleving een voorbeeld aan konden nemen. Voor het eerst realiseerde ze zich dat dit meisje geen thuis had. Loreen rukte zich plotseling los uit Virginia's greep waardoor ze bijna viel.

'Blijf van me af! Laat me met rust! Laat me naar de hel gaan! Daar hoor ik thuis. De duivel wacht op me. Kijk maar!' riep ze schor. Ze draaide zich om en wees met een bevende vinger naar de kroegbaas. De mensen lachten.

Virginia legde haar arm om haar heen. 'Loreen,' zei ze vastberaden, 'kom met me mee. Je hoort niet in de hel. Je bent van Jezus en Hij zal je een nieuw leven geven. Kom.'

Het meisje barstte in tranen uit. Ze was maar gedeeltelijk ontnuchterd door de schok van de ontmoeting met Virginia.

Virginia keek weer om zich heen. 'Waar woont meneer Gray?' vroeg ze. Ze wist dat de evangelist ergens in de buurt van de tent onderdak had. Een paar mensen noemden het adres.

Toen ze ten slotte bij het kosthuis van meneer Gray kwamen, klopte Virginia op de deur. Een vrouw deed open en vertelde dat meneer en mevrouw Gray allebei weg waren en niet voor zes uur terug zouden zijn.

Virginia had geen andere plannen gemaakt. Ze had de Grays alleen willen vragen of ze misschien een tijdje voor Loreen konden zorgen, of dat ze een veilige plaats voor haar konden zoeken waar ze kon verblijven tot ze nuchter was. Nu stond ze daar bij de deur en wist werkelijk niet wat ze moest doen. Loreen zakte zwijgend op de stoep in elkaar en verborg haar gezicht in haar armen. Virginia keek naar het hoopje ellende en was bang dat haar gevoel zou veranderen in afschuw.

Ten slotte kreeg ze een gedachte die haar niet meer losliet. Wat stond haar in de weg om Loreen mee naar huis te nemen? Waarom zou er in Virginia's eigen huis niet voor dit dakloze, ongelukkige, naar drank stinkende schepsel

gezorgd kunnen worden, in plaats van dat ze werd overgedragen aan vreemden in een of ander ziekenhuis of aan een
liefdadigheidsinstelling? Virginia wist eigenlijk heel weinig over deze tehuizen. Er waren er drie in Raymond, maar
het viel te betwijfelen of één ervan iemand als Loreen zou
hebben opgenomen in de toestand waarin ze zich op dat
moment bevond. Maar dat was voor Virginia niet de vraag.
'Wat zou Jezus doen?' Daarover dacht ze even na en ze beantwoordde de vraag ten slotte door Loreen weer aan te raken. 'Loreen, kom. Je gaat met mij mee naar huis. We gaan
met de koets hier op de hoek.'

Mevrouw Page was in de bibliotheek. Toen ze hoorde dat
Virginia binnenkwam, liep ze de hal in. Daar stond Virginia.
Ze ondersteunde Loreen, die met stomheid geslagen was en
naar de rijke pracht van de meubels om zich heen keek.

'Grootmoeder,' sprak Virginia zonder te aarzelen en heel
duidelijk, 'ik heb één van mijn vriendinnen uit de Rectangle
meegebracht. Ze zit in moeilijkheden en ze is dakloos. Ik ga
hier een poosje voor haar zorgen.'

Mevrouw Page keek verbaasd van haar kleindochter naar
Loreen.

'Zei je dat ze één van je vriendinnen is?' vroeg ze. Haar
stem was koud en spottend en deed Virginia meer pijn dan
al het andere wat ze tot nu toe had ervaren.

'Ja, dat zei ik.' Virginia bloosde, maar er schoot haar een
tekst te binnen die meneer Gray onlangs in één van zijn preken had gebruikt. 'Een vriend van tollenaars en zondaars.'
Jezus zou zeker doen wat zij nu deed.

'Weet je wel wat voor meid dit is?' fluisterde mevrouw
Page woedend en ging dichter bij Virginia staan.

'Dat weet ik heel goed. Ze is een verschoppeling. U hoeft

het mij niet te vertellen, grootmoeder. Ik weet het zelfs beter dan u. Ze is op dit moment dronken. Maar ze is ook een kind van God. Ik heb haar op haar knieën gezien. Ze had berouw. En het minste wat ik kan doen, is haar te helpen, door de genade van Jezus Christus. Grootmoeder, we noemen onszelf christenen. Hier is een arm, verlaten mens zonder thuis, dat terugvalt in een leven vol ellende als wij haar niet helpen. Wij hebben meer dan genoeg. Ik heb haar hierheen gebracht en ze blijft hier.'

Haar grootmoeder stond stijf en onbuigzaam tegenover haar en keek haar geagiteerd en vastbesloten aan. Virginia legde haar arm om Loreen heen en keek rustig naar haar grootmoeder.

'Het gebeurt niet, Virginia! Je kunt haar naar een tehuis voor dakloze vrouwen brengen. We kunnen alle kosten betalen. We kunnen het ons vanwege onze goede naam niet veroorloven zo iemand in huis te halen.'

'Grootmoeder, ik wil niets doen wat u vervelend vindt, maar ik moet Loreen vannacht hier houden en langer als dat nodig blijkt.'

'Dan ben jij verantwoordelijk voor de gevolgen. Ik blijf niet in hetzelfde huis met zo'n ellendig…' Mevrouw Page verloor haar zelfbeheersing. Virginia viel haar in de rede voordat ze het volgende woord kon uitspreken.

'Grootmoeder, dit is mijn huis. U kunt hier blijven zo lang u wilt. Maar ik moet in dit geval doen wat Jezus volgens mij zeker ook zou doen. Ik ben bereid om alles te verdragen wat de samenleving ook maar zegt of doet. De samenleving is mijn God niet. Als ik dit arme schepsel zie, beschouw ik het oordeel van de maatschappij als van geen enkele waarde.'

'Dan blijf ik hier niet,' zei mevrouw Page. Ze draaide zich plotseling om en liep naar het einde van de hal. Toen kwam ze terug en zei heel nadrukkelijk, zodat haar intense opwinding merkbaar was:

'Je zult nooit vergeten dat je je grootmoeder voor een dronken hoer uit je huis hebt verdreven.' Daarna, zonder op een antwoord van Virginia te wachten, draaide ze zich om en liep naar boven. Virginia riep een bediende en liet die voor Loreen zorgen. Haar toestand werd snel slechter.

Virginia wist niet of haar grootmoeder weg zou gaan of niet. Ze had geld genoeg van zichzelf, ze was volkomen gezond en vitaal en in staat voor zichzelf te zorgen. En ze had broers en zusters in het Zuiden wonen. Maar het gesprek was heel pijnlijk geweest. Toen Virginia er op haar kamer over nadacht, voordat ze naar beneden ging om thee te drinken, vond ze niets om spijt van te hebben. 'Wat zou Jezus doen?' Ze twijfelde er geen moment aan dat ze juist had gehandeld. Als ze een fout had gemaakt, was die voortgekomen uit een verkeerd oordeel en niet uit haar hart.

9
Maakt de 'Daily News' een kans?

Toen de bel voor de thee luidde, ging Virginia naar beneden, maar haar grootmoeder was er niet. Ze stuurde een bediende naar haar kamer, maar die kwam terug met het nieuws dat mevrouw Page er niet was. Een paar minuten later kwam Rollin binnen. Hij vertelde dat hun grootmoeder de avondtrein naar het Zuiden had genomen. Hij was op het station geweest om een paar vrienden weg te brengen en toen hij weer wegging, was hij toevallig zijn grootmoeder tegengekomen. Zij had hem verteld waarom ze vertrok.

Virginia en Rollin troostten elkaar tijdens de avondmaaltijd. Ze keken elkaar aan met ernstige, bedroefde gezichten.

'Rollin,' zei Virginia. Eigenlijk voor het eerst sinds zijn bekering realiseerde ze zich hoe geweldig het ook voor haarzelf was dat het leven van haar broer was veranderd. 'Geef je me ongelijk? Heb ik het mis?'

'Nee, dat geloof ik niet. Dit is heel pijnlijk voor ons. Maar als je bedenkt dat dit arme schepsel haar veiligheid en haar redding aan jouw persoonlijke zorg te danken heeft, dan was dit het enige wat je kon doen. Ik vind het vreselijk, Virginia, dat we al die jaren in ons prachtige huis hebben gewoond en egoïstisch van al deze weelde hebben genoten, terwijl we mensen als Loreen vergaten! Jezus zou zeker hetzelfde hebben gedaan als jij.' Zo troostte Rollin haar.

Van alle geweldige veranderingen die ze door haar grote belofte zou zien, had er geen enkele zoveel invloed op haar als de gedachte aan de verandering in Rollins leven. Deze man was in Christus werkelijk een nieuwe schepping geworden. Het oude was voorbij gegaan. Alles in hem was nieuw geworden.

Dokter West kwam die avond op verzoek van Virginia en deed alles wat nodig was voor Loreen. Ze had zich bijna in een delirium gedronken. Het beste wat men voor haar kon doen, was haar rustig verzorgen, goed op haar letten en haar persoonlijke liefde schenken. Dus zo lag Loreen in een prachtige kamer, waar een schilderij aan de muur hing van Jezus die langs het meer liep. En elke dag dat haar verwilderde ogen hiernaar keken, begreep ze iets beter wat er met het schilderij werd bedoeld. Ze wist nauwelijks hoe ze in dit veilige huis was beland. En terwijl Virginia's hart uitging naar deze stakker, die zo verscheurd en verslagen aan haar voeten was gevallen, naderde ze dichter tot haar Meester dan ooit tevoren.

De bijeenkomsten die na de dienst in de Grote Kerk werden gehouden, werden nu goed bezocht. Henry Maxwell ging zondag de vergaderzaal binnen en werd begroet met een enthousiasme dat hem deed beven, omdat het zo gemeend was. Ze werden verbonden door een gemeenschap die wederzijds vertrouwen vroeg en dit ook kreeg. Iedereen vond dat de geest van Jezus een geest was van open en eerlijke uitwisseling van ervaringen. Daarom leek het ook de gewoonste zaak van de wereld dat Edward Norman de rest van het gezelschap vertelde over de details van zijn krant.

'Het is een feit dat ik in de afgelopen drie weken veel geld ben kwijtgeraakt. Ik kan niet precies zeggen hoeveel. Elke dag verlies ik een groot aantal abonnees.'

'Wat geven die abonnees voor reden op?' vroeg Maxwell. Iedereen luisterde geïnteresseerd.

'Er worden heel veel verschillende redenen gegeven. Sommigen zeggen dat ze een krant willen die al het nieuws drukt. Daarmee bedoelen ze details over misdrijven, sensaties als bokswedstrijden en schandalen. Anderen hebben er bezwaar tegen dat de zondagskrant niet meer verschijnt. Daardoor ben ik honderden abonnees kwijtgeraakt, hoewel ik met veel van de oude abonnees tot een bevredigende oplossing ben gekomen door ze in de extra zaterdageditie meer te geven dan ze vroeger in de zondageditie hadden. Mijn grootste verliezen zijn veroorzaakt doordat ik adverteerders ben kwijtgeraakt en door de houding die ik meende te moeten aannemen inzake politieke vraagstukken. Dit laatste heeft me werkelijk meer gekost dan al het andere. Het merendeel van mijn abonnees is fervent aanhanger van een politieke partij. Ik kan jullie net zo goed eerlijk vertellen dat de *News* niet zo lang meer zal bestaan als ik blijf vasthouden aan het plan dat Jezus volgens mij zou volgen, tenzij er in Raymond iemand is op wie we kunnen rekenen voor financiële steun.'

Hij zweeg even en het was heel stil in de zaal. Vooral Virginia scheen geïnteresseerd te zijn. Haar gezicht was één en al belangstelling, de belangstelling van iemand die had nagedacht over wat Norman verder zei.

'Ik kan op deze bijeenkomst ook wel zeggen dat ik een groot deel van mijn geld ben kwijtgeraakt door moeilijkheden in zakelijke aangelegenheden die niets met de krant te maken hebben. Ik moest in bepaalde transacties doen wat Jezus waarschijnlijk zou hebben gedaan, terwijl de tegenpartij andere regels hanteerde. Het gevolg is dat ik heel veel geld ben kwijtgeraakt. Uit de belofte die we hebben gedaan, begrijp ik dat we ons niet moeten afvragen: "Levert het wat op?" maar moeten al onze handelingen gebaseerd zijn op die ene vraag: "Wat zou Jezus doen?" Doordat ik naar die maatstaf heb gehandeld, ben ik bijna al het geld kwijtgeraakt dat ik met mijn krant had verdiend. Ik vind het niet nodig om in details te treden. Na de ervaringen van de afgelopen drie weken, twijfel ik er niet meer aan dat heel veel mensen die nu in het zakenleven zitten, enorme bedragen zouden verliezen wanneer ze eerlijk de regel van Jezus zouden toe-passen. Ik vertel jullie over mijn verlies, omdat ik het volste vertrouwen heb in het uiteindelijke succes van een dagblad dat draait op het beleid dat ik onlangs heb ingevoerd. Ik was van plan mijn hele vermogen erin te steken, om uiteindelijk succes te krijgen. Maar zoals het er nu voorstaat, kan ik de krant niet blijven uitgeven op de huidige basis, tenzij, zoals ik al zei, de christenen in Raymond, de gemeenteleden en de getuigende discipelen, de krant ondersteunen met abon-nementen en advertenties.'

Virginia had de uiteenzetting van Edward Norman met grote belangstelling gevolgd, en stelde een vraag.

'Bedoelt u dat een christelijk dagblad met een groot geld-bedrag gesubsidieerd moet worden om rendabel te kunnen zijn, net zoals een christelijke universiteit?'

'Dat is precies wat ik bedoel. Ik heb plannen gemaakt om de *News* met een grote verscheidenheid aan goed en inte-ressant materiaal te vullen, dat alles zou goedmaken wat uit de krant aan onchristelijk materiaal is weggelaten. Maar er is erg veel geld nodig voor die plannen. Ik heb er het volste vertrouwen in dat een christelijk dagblad dat Jezus' goed-keuring zou kunnen wegdragen – en waarin alleen datgene staat wat Hij erin zou zetten – financieel rendabel gemaakt kan worden als het volgens goede lijnen wordt opgezet. Maar er is een enorm geldbedrag voor nodig om de plannen uit te voeren.'

'Hoeveel geld denkt u daarvoor nodig te hebben?' vroeg Virginia rustig.

Edward Norman keek haar scherp aan en hij bloosde even toen het tot hem doordrong wat zij van plan was. Hij had haar gekend als klein meisje toen ze op de zondagsschool zat en had een zeer nauwe zakenrelatie met haar vader gehad.

'Ik zou zeggen dat we in een plaats als Raymond een half miljoen dollar goed kunnen gebruiken om een krant op te zetten zoals wij die in gedachten hebben,' antwoordde hij en zijn stem beefde een beetje.

'Dan,' zei Virginia en ze sprak alsof ze er al heel goed over had nagedacht, 'ben ik bereid dat bedrag in de krant te steken, op voorwaarde dat die zal blijven zoals ze nu is.'

'God zij dank!' zei Maxwell zachtjes. Norman zag bleek. Verder keek iedereen naar Virginia. Ze had nog meer te zeggen.

'Lieve vrienden,' vervolgde ze, en er klonk een droefheid in haar stem die aan het eind van haar verhaal een nog diepere indruk zou maken. 'Ik wil niet dat iemand van jullie mij eer geeft, alsof ik bijzonder vrijgevig zou zijn geweest. Ik heb ontdekt dat het geld dat ik het mijne heb genoemd, niet van mij is, maar van God. Als ik, zijn rentmeesteres, een wijze manier zie om zijn geld te investeren, dan is dat geen gelegenheid waarbij ik ijdele roem of dank van wie dan ook wil ontvangen. Ik heb eenvoudigweg het geld goed beheerd dat Hij mij heeft toevertrouwd, zodat ik het tot zijn eer kan gebruiken. Ik loop al enige tijd met dit plan rond. We zullen de *News* nodig hebben in onze strijd tegen het alcoholisme, in onze strijd voor Christus. En die strijd is nog maar net begonnen. Wat kan meneer Gray met zijn evangelisatiesamenkomsten beginnen, wanneer de helft van zijn bekeerlingen alcoholisten zijn die dagelijks door de kroegen op iedere straathoek worden verleid? We zouden toegeven aan de vijand als we de *News* failliet lieten gaan. Ik heb veel vertrouwen in Edward Normans bekwaamheid. Ik heb zijn plannen nog niet gezien, maar, evenals hij, heb ik er vertrouwen in dat hij ervoor kan zorgen dat de krant kan blijven draaien als die op grote schaal gedragen wordt. Ik kan me niet voorstellen dat christelijke intelligentie in de journalistiek ondergeschikt zou zijn aan onchristelijke intelligentie, ook niet als het erom gaat een krant financieel rendabel te maken. Om die reden wil ik dit geld – Gods geld – in deze bekwame rentmeester steken... omdat Jezus dat ook zou doen. Als we zo'n krant een jaar lang draaiende kunnen houden, dan ben ik bereid geld voor dat experiment te geven. Bedank mij niet. Denk niet dat ik iets fantastisch heb gedaan. Wat heb ik al die jaren met Gods geld gedaan, behalve mijn egoïstische verlangens bevredigen? Wat kan ik beter doen met wat er is overgebleven, dan iets terug te geven van wat ik van God gestolen heb? Zo zie ik het op dit moment. Ik geloof dat Jezus dit ook zou doen.'

De vergaderzaal werd gevuld met die onzichtbare, maar duidelijk merkbare aanwezigheid van de goddelijke Tegenwoordigheid. Een tijdlang sprak niemand. Terwijl Maxwell daar stond, en alle gezichten hem strak aankeken, voelde hij wat hij al eerder had gevoeld: alsof ze terug waren gezet vanuit de negentiende eeuw naar de eerste, toen de discipelen alles gemeenschappelijk hadden, en er een geest van gemeenschap overvloedig onder hen aanwezig moest zijn geweest. In hoeverre hadden de leden van zijn gemeente deze gemeenschap in dagelijkse aangelegenheden ervaren, voordat dit kleine groepje begon te doen wat Jezus volgens haar zou doen? Hij had moeite terug te keren in de tegen-

woordige tijd en omstandigheden. Alle andere aanwezigen
dachten hetzelfde. Terwijl Virginia sprak, en tijdens de stilte
die erop volgde, was er een onuitgesproken kameraadschap
als nooit tevoren. Als iemand er een omschrijving van had
moeten geven, was die misschien als volgt geweest: 'Als ik,
terwijl ik mijn belofte houd, verlies lijd of moeilijkheden
krijg in de wereld, kan ik vertrouwen op de oprechte, prak-
tische sympathie en gemeenschap van alle andere christenen in deze zaal, die samen met mij beloofd hebben alles te
doen aan de hand van de regel: "Wat zou Jezus doen?"'

Dit alles werd versterkt door een vlaag van geestelijke
kracht, die waarschijnlijk dezelfde uitwerking had als een
zichtbaar wonder op de eerste discipelen. Deze kracht gaf
hun vertrouwen in de Heer en hielp hen om verlies en martelaarschap moedig en met vreugde het hoofd te bieden.

Na de bijeenkomst liep Donald Marsh, hoofd van het
Lincoln College, met Maxwell mee naar huis. Hij vertelde
de dominee dat zijn preek die ochtend hem iets duidelijk
had gemaakt. Jarenlang had hij in het veilig afgezonderde
wereldje van de elite geleefd, zonder zich iets van zijn bur-
gerrechten aan te trekken. Het bestuur van de stad was zeer
corrupt, maar hij had er nooit wat mee gedaan. Nu had hij
besloten dat hij zijn invloed zou aanwenden om de komende verkiezingen te beïnvloeden, zodat er goede en eerlijke
mannen het bestuur in handen zouden krijgen. Dit zou hem
veel kosten, en het was het laatste wat hij wilde doen, maar
hij was ervan overtuigd dat Jezus hetzelfde zou doen.

Maxwell hoorde hem aan en stemde met hem in. Samen
zouden ze zich inzetten voor een positieve uitkomst van de
komende verkiezingen.

10
Wraak

In de week die op deze zondagse bijeenkomst volgde, heerste er grote opwinding in Raymond. Het was de week van de verkiezingen, en het wel of niet invoeren van het vergunningenstelsel voor caféhouders speelde een grote rol. Donald Marsh nam, trouw aan zijn belofte, zijn kruis op zich en droeg het manhaftig, al ging het gepaard met vrezen en beven en zelfs tranen, omdat zijn diepste overtuiging werd aangeroerd. Hij begaf zich buiten het beschermde wereldje van de besloten wetenschappelijke kring waarin hij jarenlang had verkeerd, en dit kostte hem meer moeite en verdriet dan al het andere wat hij ooit als volgeling van Christus had gedaan. Behalve hij waren er ook enkele professoren van het College die de belofte hadden gedaan in de Grote Kerk.

Toen het zaterdag werd, de dag van de verkiezingen, steeg de spanning ten top. Er werd een poging gedaan alle cafés te sluiten, maar dit had slechts gedeeltelijk succes. De hele dag werd er veel gedronken. De Rectangle kookte en deinde en vloekte en liet zich van haar slechtste kant zien aan de rest van de stad. Gray was die week doorgegaan met zijn samenkomsten, en die hadden meer uitgewerkt dan hij had durven hopen. Die zaterdag had hij het gevoel dat hij de crisis in zijn werk had bereikt. De Heilige Geest en de duivel van de drank schenen een wanhopig conflict te veroorzaken. Hoe meer belangstelling er was voor de samenkomsten, hoe meer wreedheid en ellende erbuiten. De kroegeigenaren verborgen hun gevoelens niet langer. Er werd openlijk met geweld gedreigd. Op een keer werden Gray en zijn helpers bekogeld met allerlei voorwerpen, toen ze 's avonds laat de tent verlieten. De politie stuurde een speciale groep agenten, en Virginia en Rachel werden altijd beschermd door Rollin of dokter West. De kracht van Rachels liederen was niet afgenomen. Het leek eerder alsof ze iedere avond de tegenwoordigheid van de Geest nog reëler maakten.

Gray had aanvankelijk geaarzeld of hij die avond een samenkomst zou houden. Maar hij handelde naar een heel eenvoudige regel, waardoor hij altijd werd geleid. De Geest scheen hem ertoe te dringen de samenkomst op zaterdagavond gewoon door te laten gaan, en dus was er die avond een dienst.

De opwinding had in de hele stad haar hoogtepunt bereikt toen om zes uur de stemlokalen dichtgingen. Er was nog nooit zo'n strijd in Raymond geweest. De vraag of caféhouders een vergunning moesten hebben of niet, was nog nooit onder dergelijke omstandigheden aan de orde geweest. Nog nooit eerder hadden de partijen zó tegenover elkaar gestaan. Het was iets ongehoords dat de voorzitter van het Lincoln College, de dominee van de Grote Kerk, de deken van de kathedraal, geleerde mensen die in mooie huizen aan de boulevard woonden, persoonlijk naar de verschillende kiesdistricten van de stad waren gekomen en door hun aanwezigheid en voorbeeld het christelijk geweten van de plaats vertegenwoordigden. De politici waren stomverbaasd. Maar deze verbazing weerhield hen er niet van om acties te ondernemen. De strijd werd elk uur heviger en toen het zes uur was, kon geen van beide partijen met zekerheid iets over de resultaten zeggen. Iedereen was het erover eens dat er nog nooit zo'n verkiezing in Raymond

had plaatsgevonden, en iedereen wachtte met grote belangstelling op de uitslag.

Het was over tienen toen de samenkomst in de tent werd
beëindigd. Het was een vreemde en in sommige opzichten
opmerkelijke dienst geweest. Op verzoek van evangelist
Gray was Henry Maxwell weer gekomen. Deze was volkomen uitgeput door al het werk van die dag, maar Gray
had het verzoek op zo'n manier gedaan dat hij geen nee kon
zeggen. Donald Marsh was ook aanwezig. Hij was nog nooit
in de Rectangle geweest, en zijn belangstelling was gewekt
door de invloed van de evangelist in het slechtste deel van
de stad. Dokter West en Rollin waren samen met Rachel
en Virginia gekomen. Loreen, die nog steeds bij Virginia
logeerde, zat vlak bij het orgel, goed bij haar positieven,
nuchter en met een nederigheid en vrees voor zichzelf, die
haar als een trouwe hond dicht bij Virginia hielden. Tijdens
de hele dienst zat ze met gebogen hoofd, soms huilde ze.
Toen Rachel het lied 'Ik was een dwalend schaap' zong,
snikte ze. Ze klemde zich met een bijna zichtbaar, tastbaar
verlangen vast aan die ene hoop die ze had gevonden. Ze
luisterde naar de gebeden, de smeekbeden en de belijdenis-
sen om zich heen, als iemand die deelhad aan een nieuwe
schepping, maar nog bang was om gebruik te maken van
haar nieuwe rechten.

De tent was vol. Evenals bij vorige gelegenheden was de
orde buiten enigszins verstoord. Naarmate het later werd,
nam het lawaai toe, en Gray vond het raadzaam de dienst
niet lang te laten duren.

Rachel, Virginia, Loreen, Rollin, Donald Marsh, Henry
Maxwell en dokter West liepen samen naar buiten. Ze waren van plan naar de plaats te gaan waar ze gewoonlijk op
hun koets wachtten. Toen ze buitenkwamen, zagen ze on-

middellijk dat er ieder moment oproer kon uitbreken in de Rectangle, veroorzaakt door dronken mannen. Terwijl ze zich door de verzamelde menigte drongen, werden ze zich ervan bewust dat ze erg veel aandacht trokken.

'Daar heb je 'm, die kerel met die hoge hoed! Hij is de leider!' schreeuwde een schorre stem. Marsh, met zijn kaarsrechte, indrukwekkende figuur, viel op in het kleine groepje.

'Hoe zit het met de verkiezingen? Het is zeker nog te vroeg voor de uitslag?' Marsh stelde de vraag hardop en een man antwoordde hem:

'Ze zeggen dat het tweede en derde district bijna als één man tegen de vergunningen hebben gestemd. Als dat zo is, zijn de whiskymannen verslagen.'

'God zij dank! Ik hoop dat het waar is,' riep Maxwell uit. 'Marsh, het is hier gevaarlijk voor ons. Besef je in wat voor situatie we ons bevinden? We moeten de dames naar een veilige plaats brengen.'

'Dat is waar,' zei Marsh ernstig. Op dat moment viel er een regen van stenen en andere voorwerpen op hen neer. De nauwe straat en het trottoir voor hen stonden vol met het onguurste volk uit de Rectangle.

'Dit ziet er niet best uit,' zei Maxwell. Samen met Marsh, Rollin en dokter West begon hij naar voren te dringen door een smalle opening. Virginia, Rachel en Loreen volgden hen op de voet, zodat ze beschermd waren door de mannen. Ze realiseerden zich nu dat ze gevaar liepen. De Rectangle was dronken en woedend. De mensen zagen in Marsh en Maxwell twee leiders uit de verkiezingsstrijd die hen misschien van hun geliefde kroegen hadden beroofd.

'Weg met de aristocraten!' schreeuwde een schelle stem, die meer klonk als de stem van een vrouw dan van een man.

Er volgde een regen van modder en stenen. Naderhand herinnerde Rachel zich dat Rollin onmiddellijk voor haar was gesprongen en dat hij een paar klappen tegen zijn hoofd en borst had opgevangen, die haar waarschijnlijk zouden hebben getroffen als hij haar niet had beschermd.

En precies op dat ogenblik, net voordat de politie hen bereikte, sprong Loreen voor Virginia en duwde haar opzij. Ze keek omhoog en gilde. Iemand had een zware fles gegooid uit het bovenraam van dezelfde kroeg waar Loreen een week geleden naar buiten was gekomen. Hij kwam op Loreens hoofd terecht en ze viel op de grond. Het gebeurde zo plotseling dat niemand de tijd had om ook maar een glimp op te vangen van het gezicht van de dader. Virginia draaide zich om en knielde direct bij haar neer. Op dat moment hadden de politieagenten het kleine gezelschap bereikt.

Uit de menigte steeg een gehuil op als van wilde dieren. Marsh hief zijn arm op en riep boven het lawaai uit: 'Stop! U hebt een vrouw vermoord!' Deze uitroep kalmeerde de mensen enigszins.

'Is het waar?' vroeg Maxwell, terwijl dokter West aan Loreens andere zijde neerknielde en haar ondersteunde.

'Ze is stervende,' zei hij kort.

Loreen deed haar ogen open en glimlachte naar Virginia, die het bloed van haar gezicht veegde en zich daarna vooroverboog en haar kuste. Loreen glimlachte weer, en het volgende ogenblik was haar ziel in het Paradijs.

En dit is slechts één van de duizenden die ten onder is gegaan aan het kwaad dat door de alcohol wordt veroorzaakt. Ga nu achteruit, zondige mannen en vrouwen in deze smerige straat. Laat deze dode door jullie verstomde, ontnuchterde rijen wegdragen. Ze was één van jullie eigen kinderen. De Rectangle had haar tot een beest gemaakt. Dank Hem, die voor zondaren stierf, dat er uit haar bleke stof een nieuwe ziel is verrezen. Achteruit! Geef hun de ruimte. Laat haar eerbiedig door, gevolgd en omringd door wenende, met ontzetting vervulde christenen. Jullie hebben haar vermoord, dronken moordenaars! En toch – en toch – o christelijk Amerika, wie heeft deze vrouw vermoord? Achteruit! Stilte daar! Er is een vrouw vermoord. Wie? Loreen, kind van de straat. Arme, dronken, ellendige zondaar. O Here God, hoelang nog? Ja. De kroeg heeft haar vermoord. Dat wil zeggen, de christenen van Amerika die de kroeg een vergunning hebben verstrekt. En pas op de Dag des Oordeels zal bekend worden wie Loreen heeft vermoord.

11
Een ongewone begrafenis

Het lichaam van Loreen lag opgebaard in het huis van de familie Page. Het was zondagochtend, en de frisse, zachte lentewind, die net de geur van de eerste bloesem op de velden en in de bossen over de stad begon te ademen, woei over de lijkkist door één van de open ramen aan het einde van de grote hal. De kerkklokken luidden en de mensen die op straat langsliepen, wierpen nieuwsgierige blikken op het grote huis en gingen dan verder, terwijl ze spraken over de gebeurtenissen die onlangs hadden plaatsgevonden en die geschiedenis hadden gemaakt in de stad.

In de Grote Kerk kwam Henry Maxwell voor een enorme gemeente te staan. De sporen van wat hij had meegemaakt waren nog op zijn gezicht te zien. Hij sprak tot de gemeente met zoveel hartstocht en kracht – die als vanzelf voortvloeiden uit de ervaringen van de vorige dag – dat de mensen weer iets van hun oude trots voor hem voelden, die ze ooit hadden gehad omdat hij zo geweldig kon spreken. Maar deze trots was van een heel andere aard. En in zijn vurige oproep klonk die ochtend zoveel droefheid, vermaning en veroordeling, dat vele leden bleek werden van zelfbeschuldiging of ingehouden woede.

Raymond had die ochtend namelijk te horen gekregen dat er toch een vergunningensysteem ingevoerd zou worden. Het gerucht dat in de Rectangle de ronde had gedaan dat het tweede en derde district tegen de vergunningen hadden gestemd, bleek onjuist te zijn. Het was wel zo dat de overwinning slechts door een zeer kleine meerderheid was behaald. Maar de uitslag was dezelfde als wanneer de meerderheid overweldigend was geweest. De christenen in Raymond werden door het resultaat veroordeeld. Meer dan honderd belijdende christenen hadden niet gestemd, en nog veel meer dan honderd hadden vóór de vergunningen gestemd.

De dominee vertelde het verhaal van Loreen, die wreed was neergeslagen door de hand die haar naar een leven van alcohol had geleid. Intussen zou de kroeg, die door zoveel christenen in Raymond werd gesteund, morgen haar deuren weer openen en nog voor het eind van het jaar het leven van honderd Loreens verdoemen tot aards en eeuwig verderf.

Met bevende en verstikte stem sprak Henry Maxwell die ochtend tot zijn gemeente. Mannen en vrouwen huilden terwijl hij sprak. Donald Marsh, die anders altijd kaarsrecht zat en er knap en vastberaden, intelligent en zelfverzekerd uitzag, was helemaal veranderd. Zijn hoofd was diep gebogen en dikke tranen liepen over zijn gezicht. Hij bekommerde zich er niet om dat hij nog nooit eerder enige emotie in een dienst had getoond. Edward Norman, die vlak bij hem zat, had zijn gladgeschoren, levendige gezicht wel opgeheven, maar zijn lippen trilden en hij hield geëmotioneerd de zijkant van de bank vast terwijl Maxwell de waarheid sprak. Niemand had die week meer gedaan of geleden dan Norman om de publieke opinie te beïnvloeden. De gedachte dat het christelijk geweten te laat of te zwak was aangespoord, drukte zwaar op het hart van de uitgever en hij voelde zich schuldig. Wat zou er gebeurd zijn als hij al eerder was begonnen om te doen wat Jezus zou doen? Wie weet wat er dan nu bereikt zou zijn? En voor in de kerk, met haar hoofd gebogen tegen de rand van de eikenhouten afscheiding, gaf Rachel Winslow toe aan gevoelens waar ze zich nog niet door had laten overmeesteren, en die haar niet toestonden haar aandeel in de dienst te hebben. Toen Maxwell eindigde en zij na het gebed haar solo probeerde te zingen, haperde haar stem. Voor de eerste maal in haar leven moest ze gaan zitten, omdat ze niet verder kon zingen. Er viel een stilte in de kerk, die verbroken werd door gesnik en geween. Wanneer had de Grote Kerk eerder zo'n tranendoop ontvangen? Wat was er gebeurd met de gebruikelijke, nauwkeurige, vaste orde van dienst, die nooit door goedkope emoties of dwaze opwinding werd verstoord? Maar de laatste tijd waren de diepste overtuigingen van de mensen beroerd. Ze hadden zo lang geleefd met oppervlakkige gevoelens, dat ze bijna niet meer wisten dat er in het leven diepere gevoelens waren. Nu het oppervlak was opengebroken, raakten de mensen overtuigd van de betekenis van hun discipelschap.

Maxwell vroeg niet of er nog mensen waren die zich wilden aansluiten bij de mensen die al hadden beloofd dat ze zouden doen wat Jezus zou hebben gedaan. Maar toen de gemeente ten slotte naar huis was gegaan en hij de vergaderzaal binnenging, zag hij onmiddellijk dat het oorspronkelijke aantal volgelingen sterk was uitgebreid. De bijeenkomst werd beheerst door een sfeer van liefde en de tegenwoordigheid van de Geest.

De Grote Kerk mocht dan misschien diep ontroerd zijn door wat er in de afgelopen week was gebeurd, ook de Rectangle was op haar eigen manier vreemd bewogen. Loreens dood was op zich niet zo'n opmerkelijk feit. Maar haar kennismaking met de mensen in de stad had haar op de voorgrond geplaatst, waardoor ook haar dood meer dan gewone

aandacht kreeg. Iedereen in de Rectangle wist dat het stoffe-
lijk overschot van Loreen in het huis van de familie Page lag.
Overdreven verhalen over een prachtige kist hadden al stof
geleverd voor roddel, waarnaar gretig werd geluisterd. De
Rectangle wilde graag de details van de begrafenis weten.
Wie mochten erbij aanwezig zijn? Wat was die juffrouw
Page van plan? De Rectangle had zich nog nooit eerder op
deze persoonlijke manier ingelaten met de aristocratie van
de stad. De gelegenheid daartoe deed zich niet vaak voor.
Gray en zijn vrouw werden bestormd door mensen die wilden weten hoe men verwachtte dat Loreens vrienden en
kennissen haar de laatste eer zouden bewijzen. Want ze had
veel kennissen, en veel van haar vrienden waren onlangs
bekeerd. En zo gebeurde het dat de begrafenisdienst van
Loreen op maandagmiddag in de tent werd gehouden voor
een enorm publiek. Het was afgeladen en er waren meer
mensen dan ooit tevoren.

Gray was naar Virginia's huis gegaan en nadat hij alles
met haar en Maxwell had besproken, had hij de zaak geregeld. 'Ik ben er altijd op tegen geweest dat er veel mensen bij
begrafenissen aanwezig zijn,' zei Gray. De gezonde eenvoud
van zijn karakter was één van zijn grootste krachtbronnen.
'Maar het verzoek van de arme mensen die Loreen hebben
gekend is zo oprecht, dat ik niet zou weten hoe ik hun kon
weigeren om haar nog een laatste maal te zien. Wat vindt u
ervan, meneer Maxwell? Ik wil in deze zaak op uw oordeel
afgaan.'

'Ik ben het met u eens,' zei Henry. 'Onder normale omstandigheden vind ik het ongepast om er een grote vertoning van te maken. Maar dit is anders. De mensen uit de
Rectangle komen niet naar een dienst in onze kerk. Het
meest christelijke wat we volgens mij voor hen kunnen

doen, is de dienst voor hen in de tent houden. Wat vind jij ervan, Virginia?'

'Ja, dat vind ik ook,' zei Virginia. 'Loreen heeft haar leven voor mij gegeven. We kunnen en zullen de gelegenheid niet gebruiken voor een ordinaire vertoning. Laten haar vrienden maar doen wat ze willen. Ik zie daar niets verkeerds in.'

En zo werd er, met enige moeite, geregeld dat de dienst in de tent zou worden gehouden. Virginia, haar oom en Rollin gingen, samen met Maxwell, Rachel, Marsh en het kwartet van de Grote Kerk, naar de Rectangle en maakten daar één van de vreemdste dingen mee die hun ooit was overkomen.

Toevallig was er die middag een tamelijk bekende verslaggever in Raymond die op weg was naar een vergadering voor redacteuren in een nabijgelegen plaats. Hij hoorde over de dienst die in de tent gehouden zou worden en ging erheen. Zijn verslag trok de volgende dag de aandacht van vele lezers.

In de tent van een evangelist, John Gray, die in de sloppenwijk de Rectangle staat, werd vanmiddag een unieke en ongebruikelijke begrafenisdienst gehouden. De dienst werd gehouden voor een vrouw die afgelopen zaterdagavond bij een verkiezingsrel om het leven is gekomen. Ze had zich onlangs bekeerd tijdens één van de samenkomsten die de evangelist heeft gehouden, en werd vermoord toen ze in gezelschap van andere bekeerlingen en enige vrienden terugkwam van een dienst. Vroeger was ze een goedkope hoer en een gewone dronkaard, en toch was de dienst in deze tent minstens zo indrukwekkend als alle begrafenissen die ik in grote kerken voor belangrijke personen heb meegemaakt.

Ten eerste werd er prachtig gezongen door een goed kwartet. Omdat ik een vreemde was, verbaasde het me natuur-

lijk zulke stemmen in een samenkomst als deze te horen. Die verwacht men alleen in grote kerken te horen of tijdens goede concerten. Maar het opvallendste onderdeel van de muziek was een solo die werd gezongen door een bijzonder knappe jongedame, ene mejuffrouw Winslow. Als ik het me goed herinner, is zij gevraagd door Crandall, de impressario van de National Opera. Om één of andere reden heeft ze dit aanbod geweigerd. Ze zong fantastisch en iedereen was in tranen, nog voordat ze tien woorden had gezongen. Dat is tijdens een begrafenisdienst natuurlijk niet zo'n vreemd verschijnsel, maar haar stem was één uit duizenden. Ik heb begrepen dat mejuffrouw Winslow in de Grote Kerk van Raymond zingt en waarschijnlijk als zangeres ieder salaris kan vragen dat ze maar wil hebben. We zullen waarschijnlijk spoedig meer van haar horen. Met zo'n stem kan iemand het ver brengen.

Behalve het zingen was de dienst zeer eigenaardig. De evangelist, een ogenschijnlijk zeer eenvoudige, bescheiden man, sprak enkele woorden, waarna hij het woord gaf aan een goed uitziende heer, Henry Maxwell, de predikant van de Grote Kerk in Raymond. Dominee Maxwell vertelde dat de overleden vrouw volkomen op haar dood was voorbereid, maar hij sprak ook, op een bijzonder gevoelige manier, over de uitwerking van sterkedrank op het leven van mannen en vrouwen zoals zij. Omdat Raymond aan een spoorlijn ligt en er veel goederen verladen worden, zijn er veel cafés. Uit opmerkingen van de dominee begreep ik dat hij nog maar pas zijn mening over vergunningen had gewijzigd. Hij hield een zeer treffende toespraak, die zeker gepast was op een begrafenis.

Toen volgde misschien wel het zonderlingste gedeelte van deze vreemde dienst. De vrouwen die in de tent aanwezig waren, althans een groot deel van hen die dicht bij de kist stonden, begonnen heel zacht op een droevige manier te zingen:

*'Ik was een dwalend schaap'. En terwijl het zingen doorging,
stond één rij vrouwen op en liep langzaam langs de kist. Op
het moment dat ze erlangs liepen, legde elke vrouw er een
bloem op. Daarna gingen ze weer zitten en liep een volgende
rij erlangs. Ook zij legden bloemen neer. Er werd de hele tijd
gezongen, het was als het geluid van regen op een tentdoek bij
een zacht briesje. Het was één van de eenvoudigste, en toch één
van de meest indrukwekkende dingen die ik ooit gezien heb.
De zijdoeken van de tent waren opgerold en buiten stonden
honderden mensen, allemaal doodstil en met een droefheid en
plechtigheid die voor zulke ruwe mensen heel bijzonder is. Er
moeten honderden vrouwen langs de kist gelopen zijn, en er
werd me verteld dat velen van hen onlangs tijdens de samenkomsten tot bekering zijn gekomen. Ik kan niet beschrijven hoe
het zingen klonk. Geen enkele man zong een noot. Het waren
alleen maar vrouwenstemmen die heel zacht, maar toch zo
duidelijk zongen, dat het effect verbazingwekkend was.*

*De dienst werd afgesloten met een solo van mejuffrouw
Winslow over negenennegentig schaapjes. Daarna vroeg de
evangelist iedereen zijn hoofd te buigen terwijl hij bad. Omdat ik mijn trein moest halen, moest ik tijdens het bidden weg.
Het laatste wat ik van de dienst heb gezien, terwijl de trein
langs de werkplaatsen reed, was dat de hele menigte de tent
uit stroomde en zich in rijen opstelde, terwijl de kist door zes
vrouwen werd weggedragen. Het is lang geleden dat ik in deze
prozaïsche republiek iets dergelijks heb gezien.*

Als Loreens begrafenis al zoveel indruk maakte op een
toevallig langskomende vreemdeling als deze, dan valt het
niet moeilijk in te denken hoe diep de emoties waren van
hen die zo nauw betrokken waren geweest bij haar leven en
dood. Er was in de Rectangle nog nooit iets voorgevallen

wat zoveel indruk had gemaakt als Loreens lichaam daar in die kist. En de Heilige Geest leek die avond haar stoffelijk overschot te gebruiken voor een bijzondere zegen. Want die avond dreef Hij meer dan twintig verloren zielen, van wie de meesten vrouwen waren, in de armen van de Goede Herder.

Het moet hier gezegd worden dat wat Maxwell beweerde over de kroeg van waaruit Loreen was vermoord, bijna volkomen waar bleek te zijn. De zaak was op maandag en dinsdag officieel gesloten terwijl de autoriteiten de eigenaars in hechtenis hielden op beschuldiging van moord. Maar er kon tegen niemand iets bewezen worden, en nog voor de volgende zaterdag draaide de zaak weer als vanouds. Op aarde is er nooit iemand gestraft voor de moord op Loreen.

12
Muziek in de sloppenwijk

Niemand in heel Raymond, ook niet in de Rectangle, voelde de dood van Loreen sterker dan Virginia. Ze ervoer het als een persoonlijk verlies. In de korte week waarin het meisje in haar huis was geweest, had ze haar hart geopend voor een nieuwe visie. Op de dag na de begrafenis sprak ze erover met Rachel. Ze zaten in de hal van het huis van de familie Page.

'Ik ga iets met mijn geld doen om vrouwen als Loreen aan een beter leven te helpen,' zei Virginia en ze keek naar het einde van de hal waar Loreens lichaam de vorige dag had gelegen. 'Ik heb een goed plan bedacht, geloof ik. Ik heb het er met Rollin over gehad. Hij zal ook een groot deel van zijn geld aan hetzelfde plan besteden.'

'Virginia, hoeveel geld heb je voor dat plan beschikbaar?' vroeg Rachel. Er was een tijd geweest dat ze zo'n persoonlijke vraag nooit gesteld zou hebben, maar nu leek het even gewoon om over geld te praten als over alle andere dingen die God toebehoorden.

'Voor direct gebruik heb ik minstens vierhonderd vijftig duizend dollar beschikbaar. Rollin heeft veel meer. Hij heeft er nu erg veel spijt van dat zijn verkwistende manier van leven vóór zijn bekering bijna de helft heeft gekost van wat vader hem heeft nagelaten. We willen allebei graag alles doen wat in ons vermogen ligt om het weer goed te maken. "Wat zou Jezus met dit geld doen?" Die vraag willen we wijs en eerlijk beantwoorden. Ik ben ervan overtuigd dat het overeenkomt met wat Hij gedaan zou hebben.

En wat mijn plan betreft, Rachel, ik zou willen dat je met me gaat samenwerken. Rollin en ik gaan een groot stuk grond kopen in de Rectangle. Over het veld waar de tent nu op staat, is al jarenlang een proces gaande. We willen het hele veld kopen zodra de rechter de eigenaar heeft aangewezen. Ik ben al enige tijd bezig met het bestuderen van verschillende vormen van christelijk maatschappelijk werk en van kerkelijke instellingen in het hart van de sloppenwijken in grote steden. Ik weet nog niet wat de wijste en meest doeltreffende werkwijze is voor Raymond. Maar dit weet ik wel: met mijn geld – ik bedoel Gods geld dat ik mag gebruiken – kunnen goede tehuizen worden gebouwd, toevluchtsoorden voor arme vrouwen, opvanghuizen voor prostituees, veilige plekken voor vele, vele verloren vrouwen zoals Loreen. En ik wil niet alleen dit geld uitdelen. God helpe me! Ik wil mezelf aan dit probleem wijden.'

Virginia stond op en begon door de hal heen en weer te lopen. 'Maar nu, Rachel, wil ik dat je kijkt naar jouw aandeel in dit plan om de Rectangle te veroveren en te redden. Jouw stem heeft kracht. Ik heb de afgelopen tijd veel plannen gemaakt. Dit is er één van. Je zou voor de vrouwen een muziekschool kunnen opzetten en hen van jouw opleiding laten profiteren. Er zijn uitstekende stemmen in de Rectangle waar niets mee gedaan wordt. Heb je ooit zoiets gehoord als het zingen van die vrouwen gisteren? Rachel, wat een geweldige kans! Je krijgt de beste stemmen die er maar te vinden zijn, en wat kan er met muziek en zang niet bereikt worden om zielen uit de Rectangle voor een nieuw leven te winnen?'

Virginia was nog niet uitgeproken of Rachels gezicht was

volkomen veranderd bij de gedachte aan haar levenswerk. Het kwam als een vloed haar hart binnen en stroomde over als onbedwingbare tranen. Hier had ze van gedroomd. Ze voelde dat het iets was wat overeenstemde met een juist gebruik van haar talenten.

'Ja,' zei ze, terwijl ze opstond en haar arm om Virginia heen sloeg. In hun enthousiasme liepen ze opgewonden heen en weer door de hal. 'Ja, ik wil mijn leven graag in die dienst stellen. Ik geloof zeker dat Jezus wil dat ik mijn leven op die manier gebruik. Virginia, wat kunnen we een wonderen in mensen bewerken, als we geld hebben dat aan God wordt toegewijd!'

'En als je daarbij jouw geheiligd enthousiasme voegt, dan kunnen we inderdaad geweldige dingen doen,' zei Virginia glimlachend. Voordat Rachel antwoord kon geven, kwam Rollin binnen.

Hij aarzelde even en wilde de bibliotheek binnengaan, toen Virginia hem terugriep en hem enkele vragen stelde over zijn werk.

Rollin kwam terug en ging zitten. Met zijn drieën bespraken ze hun plannen voor de toekomst. Terwijl Virginia erbij was, voelde Rollin zich blijkbaar volkomen op zijn gemak in Rachels aanwezigheid, maar hij gedroeg zich zeer vormelijk en misschien zelfs koel. Het verleden scheen hij na zijn bekering volkomen achter zich te hebben gelaten. Hij was het niet vergeten, maar op dit moment scheen hij helemaal in beslag genomen te worden door het doel dat hij in zijn nieuwe leven had gevonden. Even later werd Rollin weggeroepen en begonnen Rachel en Virginia over andere dingen te praten.

13
Een offer

De volgende dag ging Virginia naar het hoofdkantoor van de *News* om Edward Norman te spreken en nog wat kleine dingen te regelen die te maken hadden met haar aandeel in het opzetten van de krant op zijn nieuwe basis. Henry Maxwell was er ook bij. De drie mensen waren het erover eens dat Jezus, als Hij uitgever van een dagblad zou zijn, over het algemeen volgens dezelfde principes zou handelen als die Hij hanteerde als Redder der wereld.

'Ik zal ongetwijfeld veel fouten maken,' zei Edward Norman nederig. 'Ik zal heel veel wijsheid nodig hebben. Maar ik wil doen wat Jezus zou doen. "Wat zou Hij doen?" Dat heb ik me afgevraagd en dat zal ik blijven doen, en ik zal de gevolgen aanvaarden.'

'Ik denk dat we beginnen te begrijpen,' zei Virginia, 'wat er wordt bedoeld met het gebod: "Groei in de genade en in de kennis van onze Heer en Verlosser, Jezus Christus." Ik weet zeker dat ik niet precies weet wat Hij zou doen, totdat ik Hem beter heb leren kennen.'

'Dat is zeker waar,' zei Henry Maxwell. 'Ik begin te begrijpen dat ik niet goed weet wat Hij waarschijnlijk zou doen, totdat ik beter ga zien hoe Hij was. "Wat zou Jezus doen?" is de belangrijkste vraag die we onszelf kunnen stellen, en we moeten die vraag proberen te beantwoorden vanuit een groeiende kennis van Jezus' karakter. We moeten Jezus kennen, voordat we kunnen doen wat Hij zou doen.'

Toen Virginia en Edward Norman hun overeenkomst hadden gesloten, bezat Edward Norman vijfhonderdduizend dollar die hij kon gaan gebruiken om een christelijk dagblad op te zetten. Nadat Virginia en Maxwell weg waren gegaan, deed Edward zijn deur dicht. Terwijl hij alleen was met God, vroeg hij als een kind om hulp aan zijn almachtige Vader. Hij zat geknield voor zijn bureau en maakte in zijn gebed aanspraak op de belofte: 'Indien iemand van u in wijsheid tekortschiet, dan bidde hij God daarom, die aan allen geeft, eenvoudigweg en zonder verwijt; en zij zal hem gegeven worden.' Zijn gebed zou zeker verhoord worden en het Koninkrijk zou opgebouwd worden door dit instrument van Gods kracht, deze machtige krant, die zo verlaagd en gebruikt was voor menselijke hebzucht en ambitie.

Er gingen twee maanden voorbij, waarin veel werd gedaan en bereikt. Ondanks de komende hitte van de zomermaanden, werden de bijeenkomsten van de discipelen die hadden beloofd om te doen wat Jezus zou doen, enthousiast en vol kracht doorgezet. Gray had zijn werk in de Rectangle beëindigd, en als een buitenstaander door de wijk liep, zou hij geen enkele verandering zien in de oude omstandigheden, hoewel er wel degelijk iets was veranderd in honderden levens. Maar in de cafés, de kroegen, de krotten en de goktenten ging alles gewoon door. Hun verdorvenheid bereikte het leven van nieuwe slachtoffers, die de plaats innamen van de mensen die door de evangelist waren gered. De duivel vulde zijn gelederen snel aan.

Henry Maxwell ging niet naar het buitenland. In plaats daarvan gebruikte hij het geld dat hij voor zijn eigen vakantie had gespaard, om een vakantie te organiseren voor een heel gezin dat nog nooit buiten de smerige wijk was geweest. De dominee van de Grote Kerk zou nooit de tijd vergeten die hij met het gezin had doorgebracht om alles te regelen. Op een snikhete dag, toen de drukkende hitte de afzichtelijke huurhuisjes binnendrong, was hij naar de Rectangle gegaan, was met het gezin naar het station gereden en had hen naar een prachtig plekje aan de kust gebracht. Daar, in het huis van een christelijke vrouw, ademden de arme mensen voor het eerst in jaren de koele, zilte lucht in en roken de heerlijke dennengeur die door de frisse wind werd meegevoerd.

Het gezin bestond uit een ziekelijke baby, de moeder en nog drie kinderen, waarvan er één kreupel was. De vader zat, zo biechtte hij Maxwell op, al zo lang zonder werk, dat hij enkele malen op het punt had gestaan zelfmoord te plegen. Tijdens de reis hield hij de baby in zijn armen. Nadat hij erop had toegezien dat de mensen het zich in het huis gemakkelijk hadden gemaakt, ging Maxwell terug naar Raymond. Bij het afscheid greep de man zijn hand vast. Hij wilde iets zeggen, maar kwam er niet uit, en ten slotte brak hij in tranen uit, wat Henry erg verwarde. De moeder, een vermoeide, afgeleefde vrouw, die het jaar daarvoor drie kinderen had verloren door een epidemie in de Rectangle, zat bij het raam van de koets en genoot van het uitzicht op de zee, de lucht en de velden. Het leek haar allemaal een wonder.

Toen Henry in Raymond aankwam, voelde hij de verzengende hitte des te meer nu hij even de oceaanwind had opgesnoven. Maar hij dankte God om de blijdschap die hij in het gezin had gezien en nam met een nederig hart het discipelschap op zich. Voor het eerst in zijn leven bracht hij zo'n bijzonder offer. Want nog nooit eerder had hij zich zijn jaarlijkse zomervakantie ontzegd. Hij had altijd de hitte van Raymond achter zich gelaten, of hij nu rust nodig had of niet.

'Ik heb dit jaar geen vakantie nodig,' zei hij, toen de gemeenteleden hem ernaar vroegen. 'Ik voel me uitstekend, en ik blijf liever hier.' Hij vond het een opluchting dat hij voor iedereen, behalve zijn vrouw, verborgen kon houden wat hij voor het andere gezin had gedaan. Hij vond dat hij zulke dingen stilletjes moest doen en hij wilde geen bijval van anderen.

14
Rachel en Rollin

Toen Rollin 's middags vanuit de club de straat opging, dacht hij niet aan Rachel Winslow en hij verwachtte ook niet haar ergens te ontmoeten. Toen hij de Avenue op liep, was hij haar plotseling tegengekomen, en zijn hart sloeg een slag over toen hij haar zag. Nu liep hij naast haar en was hij daar erg blij om, want hij had deze aardse liefde niet uit zijn leven kunnen bannen.

'Ik ben net bij Virginia geweest,' zei Rachel. 'Ze heeft me verteld dat bijna alles geregeld is voor de overdracht van het stuk grond in de Rectangle.'

'Ja, het heeft de rechters veel tijd gekost. Heeft Virginia je alle bouwplannen en prijsopgaven laten zien?'

'We hebben heel wat bekeken. Ik vind het verbazingwekkend hoe ze alle ideeën voor dit werk heeft gekregen.'

'Virginia heeft er bijna heel de zomer aan besteed om informatie te verzamelen.' Rollin begon zich wat meer op zijn gemak te voelen, terwijl ze over het toekomstige liefdadigheidswerk spraken. Het was veilig, gemeenschappelijk terrein.

'Wat heb jij heel de zomer gedaan? Ik heb je niet veel gezien,' zei Rachel plotseling en haar gezicht werd warm door een zachte blos, alsof ze te veel interesse voor Rollin had getoond of spijt had dat ze hem niet vaker had gezien.

'Ik heb het druk gehad,' antwoordde Rollin kort.

'Vertel eens wat,' hield Rachel aan. 'Je zegt zo weinig.'

Hij antwoordde en glimlachte dankbaar. 'Ik weet niet of ik je wel zo veel kan vertellen. Ik heb geprobeerd een manier te vinden om de mannen die ik vroeger kende te bereiken en hen te winnen voor een leven met meer inhoud.'

Hij zweeg plotseling, alsof hij bang was verder te gaan, maar hij werd aangemoedigd door de geïnteresseerde blik van Rachel.

'Ik hoor bij dezelfde groep als jij en Virginia,' begon Rollin weer. 'Ook ik heb beloofd te doen wat Jezus volgens mij zou doen; en ik doe dit werk om te proberen deze vraag te beantwoorden.'

'Dat begrijp ik juist niet. Virginia heeft mij erover verteld. Het is geweldig te bedenken dat jij, net als wij, die belofte wilt houden, maar wat kun je nu met die mannen uit de club beginnen?'

'Je stelt me een directe vraag en die zal ik moeten beantwoorden,' zei Rollin en hij glimlachte weer. 'Herinner je je die avond in de tent?' (Hij sprak gehaast en zijn stem trilde een beetje.) 'Daarna wilde ik een doel hebben in mijn leven om alles van vroeger weer goed te maken, om te voldoen aan mijn ideeën over christelijk discipelschap. En hoe meer ik erover nadacht, hoe meer ik erbij werd bepaald dat ik mijn kruis op moest nemen. Heb jij er ooit over nagedacht dat van alle verwaarloosde mensen binnen ons sociale systeem er geen enkele groep is die zo weinig aandacht krijgt als de mannen die een los leventje leiden in de clubs en die hun tijd en geld verknoeien, net als ik vroeger? De kerk zorgt voor de arme, zielige schepsels zoals die in de Rectangle; er wordt wat gedaan om de arbeiders te bereiken; er is veel contact met de middenklasse; er worden zendelingen en er wordt geld gestuurd naar ongelovigen in het buitenland; maar er is geen enkel plan om de deftige, losbandige jonge heren in de clubs van de stad te bereiken. En toch is er geen groep die het méér nodig heeft. Ik heb tegen mezelf gezegd: "Ik ken deze mensen, hun goede en slechte eigenschappen. Ik ben één van hen geweest. Ik ben niet geschikt om onder de mensen in de Rectangle te werken. Ik weet niet hoe, maar misschien kan ik wel wat rijke jonge mannen bereiken." Dus dat heb ik geprobeerd. Toen ik mezelf de vraag stelde: "Wat zou Jezus doen?", was dat mijn antwoord. En dat is ook mijn kruis geweest.'

Rollin sprak die laatste zin zo zacht uit, dat Rachel hem bijna niet boven het lawaai uit kon horen. Maar ze wist wat hij had gezegd. Ze wilde hem vragen hoe hij het aanpakte, maar ze wist niet hoe ze het moest vragen. Haar belangstelling voor zijn plan was meer dan louter nieuwsgierigheid. Rollin Page was nu zo anders dan de deftige jongeman die haar had gevraagd of ze zijn vrouw wilde worden, dat ze onwillekeurig aan hem dacht en met hem sprak alsof hij een nieuwe kennis was. Ze waren de laan uit gelopen en sloegen de straat naar Rachels huis in, waar Rollin aan Rachel had gevraagd waarom ze niet van hem kon houden. Terwijl ze verder liepen, werden ze plotseling allebei verlegen. Rachel was die dag niet vergeten en Rollin ook niet. Zij verbrak ten slotte de lange stilte door datgene te vragen waar ze eerst geen woorden voor kon vinden.

'Als je werkt onder de mensen in de club, onder je oude bekenden, hoe ontvangen ze je dan? Hoe benader je hen? Wat zeggen ze tegen je?'

Rollin was opgelucht toen Rachel sprak. Hij antwoordde snel:

'O, dat ligt aan de persoon. Er zijn er heel wat die vinden dat ik gek ben. Ik ben lid gebleven van de club en dat geeft me een goede positie. Ik probeer wijs te zijn en geen onnodige kritiek uit te lokken. Maar je zou verbaasd zijn als je wist hoeveel mannen gehoor hebben gegeven aan mijn oproep. Je zult het niet geloven, maar een paar avonden geleden raakten twaalf mannen betrokken bij een eerlijk en oprecht gesprek over geestelijke zaken. Het was een vreugde om te zien dat sommige mannen slechte gewoonten hebben opgegeven en dat ze een nieuw leven zijn begonnen. "Wat zou Jezus doen?" Ik blijf het me afvragen. Het antwoord vormt zich langzaam, want het zoeken gaat langzaam. Er is één ding waar ik achter ben gekomen. De mannen gaan me niet uit de weg. Dat vind ik een goed teken. En dan nog iets: Sommigen van hen zijn werkelijk geïnteresseerd geraakt in het werk in de Rectangle, en als het van start gaat, zullen ze het financieel steunen. En als laatste is het me nog gelukt een paar jonge mannen ervan te weerhouden te gaan gokken.'

Rollin sprak enthousiast. Zijn gezicht was veranderd door zijn belangstelling voor het onderwerp, dat nu deel uitmaakte van zijn werkelijke leven. Rachel bemerkte de krachtige, mannelijke toon waarop hij sprak. Ze wist ook dat hij diep in zijn hart heel ernstig was, omdat hij de last van het kruis voelde, ook al droeg hij het met vreugde. Toen sprak ze in een opwelling, omdat ze voelde dat ze eerlijk tegenover Rollin moest zijn:

'Weet je nog dat ik je een keer heb verweten dat je geen doel in je leven had dat de moeite waard was?'

Toen Rollin voldoende zelfbeheersing had, keek hij op en haar knappe gezicht leek hem mooier dan ooit.

'Ik wil nu zeggen – want daar heb je recht op – dat ik je respecteer om je moed en gehoorzaamheid aan de belofte die je hebt gedaan, en om de manier waarop jij die uitlegt. Het leven dat je nu leidt, heeft waarde.'

Rollin beefde. Hij kon zijn emoties niet meer verbergen

en Rachel zag het. Ze liepen zwijgend verder. Ten slotte zei
Rollin: 'Dankjewel. Je dat te horen zeggen, is me meer waard
dan ik je kan vertellen.' Hij keek haar een ogenblik aan. Ze
zag in die blik zijn liefde voor haar, maar hij sprak niet.

Rachel ging haar huis binnen en liep naar haar kamer. Ze
ging zitten en verborg haar gezicht in haar handen. Ze zei tot
zichzelf: 'Ik begin te begrijpen wat het betekent bemind te
worden door een man met een goed karakter. Nu ga ik toch
nog van Rollin Page houden. Wat zeg ik ?! Rachel Winslow,
ben je vergeten...'

Ze stond op en liep heen en weer. Ze was erg geëmotioneerd. Maar ze wist dat dit geen gevoelens van spijt of verdriet waren. Op één of andere manier was er een nieuwe
vreugde in haar hart gekomen. Ze stond aan het begin van
een reeks nieuwe ervaringen. En dit maakte er werkelijk
deel van uit, want als ze begon te houden van Rollin Page,
hield ze van een christelijke man. Die andere Rollin zou haar
nooit tot deze verandering hebben kunnen aanzetten.

En Rollin... terwijl hij terugging, koesterde hij een hoop
waarvan hij had gedacht dat die was vervlogen sinds Rachel die dag 'nee' tegen hem had gezegd. Met die hoop in
gedachten ging hij verder met zijn werk, en de dagen vlogen
om. Hij had nog nooit zoveel succes gehad bij het bereiken
en redden van oude bekenden als in de tijd na de toevallige
ontmoeting met Rachel Winslow.

De zomer ging voorbij en er stond weer een strenge winter voor de deur. Virginia had een deel van haar plannen om
de Rectangle te 'veroveren', zoals zij dat noemde, uitge-
voerd. Maar het bouwen van de tehuizen op het terrein, het
omvormen van het kale, braakliggende veld tot een mooi
park, wat ook bij haar plan hoorde, was een te groot karwei

om nog in de herfst af te maken. Maar een miljoen dollar in handen van iemand die er werkelijk mee wilde doen wat Jezus ermee zou hebben gedaan, kon toch in korte tijd wonderen voor de mensheid verrichten. Henry Maxwell, die op een middag samen met de werklieden alles bekeek, was verbaasd toen hij zag wat er aan de buitenkant al was gedaan.

De winter was voorbij en het jaar liep ten einde – het jaar dat Henry Maxwell had vastgesteld en waarin de belofte moest worden gehouden: doen wat Jezus zou doen. Zondag, de dag waarop een jaar geleden de eerste mensen de belofte hadden gedaan, was in vele opzichten de meest opmerkelijke dag die de Grote Kerk ooit had meegemaakt. Hij was belangrijker dan de discipelen in de Grote Kerk beseften. Het jaar had zoveel uitgewerkt, dat de mensen de betekenis ervan nog niet konden vatten.

15
De predikant uit Chicago

Het toeval wilde dat dominee Calvin Bruce, van de Nazareth Avenue Church in Chicago, op die gedenkwaardige zondag in Raymond was. Hij kwam daar wat vrienden bezoeken, onder wie ook zijn studiegenoot van de theologische hogeschool, Henry Maxwell. Hij was aanwezig in de Grote Kerk en werd steeds oplettender en geïnteresseerder. Zijn relaas over de gebeurtenissen in Raymond en in het bijzonder van die zondag, werpen misschien wel meer licht op de hele situatie dan welke beschrijving of welk verslag dan ook. In een brief aan zijn collega, dominee Philip Caxton in New York City, schreef hij:

Beste Caxton,

Het is zondagavond laat, maar ik ben nog zo wakker en zo vol van wat ik heb gezien en gehoord, dat ik je gewoonweg móet schrijven over de situatie in Raymond die vandaag blijkbaar tot een climax is gekomen. Dit is dus mijn enige excuus om je zo laat nog een lange brief te schrijven.

Herinner je je Henry Maxwell nog van de universiteit? Ik meen dat je, toen ik je de vorige keer in New York bezocht, zei dat je hem niet meer had gezien sinds we afgestudeerd zijn. Hij was een beschaafde, goed ontwikkelde student, en toen hij binnen een jaar nadat we van de universiteit afkwamen door de Grote Kerk werd beroepen, zei ik tegen mijn vrouw: 'Raymond heeft een goede keus gemaakt. Ze zullen wel tevreden

*zijn met Maxwell als predikant.' Hij staat daar nu elf jaar en
ik heb begrepen dat hij tot een jaar geleden gewoon zijn werk
heeft gedaan, dat iedereen blij met hem was en dat hij veel
mensen trok. Hij had het daar goed. Hij had een goed salaris,
werkte in een prettige omgeving, de gemeente was niet al te
veeleisend en bestond uit beschaafde, rijke en keurige mensen
– een gemeente zoals alle jongemannen die in onze tijd op de
universiteit zaten zich wel wensten.*

*Maar vandaag een jaar geleden deed Henry aan het einde
van de dienst een heel verbazingwekkend voorstel. Hij vroeg
wie van de gemeenteleden wilden beloven dat ze een jaar lang
niets zouden doen, voordat ze zich eerst hadden afgevraagd:
'Wat zou Jezus doen?' Nadat ze die vraag eerlijk hadden beantwoord, zouden ze daar ook naar handelen, wat de gevolgen ook mochten zijn.*

*Een aantal gemeenteleden is op dit voorstel ingegaan en
zoals je weet is het resultaat daarvan zo opmerkelijk geweest,
dat de aandacht van het hele land op deze beweging is geves-
tigd. Ik noem het een beweging, omdat wat hier wordt geprobeerd, waarschijnlijk invloed zal hebben op andere kerken en
een revolutie teweeg zal brengen in de vaste orde van de gemeenten. Maar in het bijzonder zal er een nieuwe definitie van
christelijk discipelschap door ontstaan.*

*Ik weet zeker dat de eerste vraag die je gaat stellen, is: 'Wat
is het resultaat geweest van deze poging? Wat is ermee bereikt en is er iets door veranderd in het gewone leven van de
gemeente of de stad?'*

*Uit verhalen die in het land de ronde doen over Raymond
weet je al het één en ander. Maar om te beseffen wat het betekent om zo letterlijk in Jezus' voetstappen te treden, moet je
hierheen komen en horen over de veranderingen in het leven
van de mensen en vooral over de verandering in het leven van*

de gemeente als geheel. Als ik dat alles moest vertellen, zou ik een heel lang verhaal moeten schrijven, of een aantal verhalen. Ik ben niet de aangewezen persoon om dat te doen, maar ik kan je wel een indruk geven van wat me door vrienden hier en door Henry zelf is verteld.

De uitwerking van de belofte van de mensen uit de Grote Kerk is tweevoudig geweest. Henry heeft me verteld dat er een sfeer van christelijke gemeenschap is ontstaan, die er vroeger nooit was. Hij denkt dat deze sfeer ook in de eerste gemeenten moet zijn geweest. De kerk is door deze sfeer duidelijk in twee groepen verdeeld. De mensen die de belofte niet hebben gedaan, vinden het dwaas dat de anderen zo letterlijk proberen Jezus' voorbeeld te volgen. Sommigen hebben zich uit de kerk teruggetrokken en komen er niet meer of zijn lid geworden van een andere kerk. Anderen veroorzaken strijd binnen de gemeente, en ik heb geruchten gehoord dat ze Maxwell willen proberen te dwingen om zijn ontslag te nemen. Volgens mij hebben deze mensen niet veel invloed in de gemeente. Ze worden tegengehouden door een voortdurende geestelijke kracht die aanwezig is sinds de eerste mensen een jaar geleden de belofte hebben gedaan, en door het feit dat veel van de meest vooraanstaande leden zich bij de beweging hebben aangesloten.

Henry is erg veranderd. Hij geeft me de indruk van iemand die door een crisis is gegaan die een ommekeer teweeg heeft gebracht. Hij zegt dat die ommekeer gewoon een nieuwe definitie van christelijk discipelschap is. Mijn beste Caxton, het is werkelijk verbazingwekkend om in de stad en in deze gemeente de gevolgen te zien van zijn ideeën.

Je vraagt je natuurlijk af wat de gevolgen zijn geweest voor de mensen die de belofte hebben gedaan en die hebben geprobeerd zich eraan te houden. Zoals ik al heb gezegd, is het moei-

lijk dat nauwkeurig te vertellen. Maar ik kan je wel een paar verhalen vertellen, waaraan je kunt zien dat deze vorm van discipelschap niet sentimenteel is of slechts uiterlijk vertoon.

Kijk bijvoorbeeld eens naar meneer Powers, die hier vroeger hoofdopzichter was van de werkplaats van de spoorwegen. Hij had bewijzen gevonden die aantoonden dat het bedrijf de wet had overtreden. Toen hij hiertegen stappen ondernam, verloor hij zijn baan. Powers heeft intussen zijn oude werk als telegrafist weer opgevat. Ik heb hem gisteren in de kerk ont-moet en, net als van Henry, kreeg ik van Powers de indruk dat hij een karaktercrisis had doorgemaakt. Onwillekeurig bedacht ik dat hij goed in de gemeenten van de eerste eeuw gepast zou hebben, toen de discipelen alles gemeenschappelijk hadden.

Of kijk eens naar wat Edward Norman, de uitgever van de 'Daily News' is overkomen. Omdat hij gehoorzaam wilde zijn en wilde doen wat Jezus volgens hem zou doen, heeft hij zijn hele vermogen in de waagschaal gesteld en zijn beleid voor de krant volkomen veranderd, hoewel hij daarmee riskeerde dat hij failliet zou gaan. Ik stuur je hierbij de krant van gisteren. Die moet je eens nauwkeurig lezen. Ik vind het één van de meest interessante en opmerkelijke kranten die ooit in Amerika zijn uitgegeven. Norman krijgt kritiek, maar wat kun je ook anders verwachten als je zoiets doet? Alles bij elkaar genomen staat de krant zo ver boven het gemiddelde idee van een dagblad dat het me werkelijk verbaast. Norman zegt dat de krant steeds meer door de christelijke mensen in zijn stad wordt gelezen. Hij was vol vertrouwen dat hij uiteindelijk succes zou hebben. Lees maar eens wat hij heeft geschreven over zakelijke aangelegen-heden en over de volgende verkiezingen waarin de vergunnin-gen voor caféhouders weer een rol gaan spelen. Dat zijn allebei uitstekende artikelen. Hij schrijft en doet nooit iets voor zijn

krant, voordat hij zich heeft afgevraagd: 'Wat zou Jezus doen?'
En de resultaten daarvan zijn wel duidelijk.

Dan is daar nog Milton Wright, een winkelier. Er wordt ge-
zegd dat hij zijn zaken zo heeft veranderd, dat hij de meest ge-
liefde man van Raymond is geworden. Zijn werknemers hou-
den ontroerend veel van hem. Toen hij van de winter ernstig
ziek thuis lag, kwamen velen van hen hulp aanbieden. En toen
hij weer aan het werk ging, werd hij met veel enthousiasme in
zijn zaak begroet. En dit alles is voortgekomen uit het element
van persoonlijke liefde dat hij aan zijn zaken heeft toegevoegd.
En deze liefde bestaat niet alleen uit woorden. De zaak draait
volgens een systeem van samenwerking. De werknemers ne-
men deel aan alle zakelijke aangelegenheden. Sommige men-
sen vinden Milton Wright vreemd, maar het is een feit dat hij,
al heeft hij op bepaalde terreinen zware verliezen geleden, zijn
zaken heeft uitgebreid en tegenwoordig als één van de beste en
meest succesvolle zakenlieden wordt gerespecteerd.

Verder is er nog mejuffrouw Winslow. Zij wil haar grote
talent gebruiken voor de arme mensen van de stad. Ze heeft
plannen voor een muziekschool, waar ze koren wil oprichten
en zangles wil gaan geven. Ze is heel enthousiast over haar le-
venswerk. Samen met haar vriendin, mejuffrouw Page, wil ze
ook muzieklessen gaan geven. En als dit doorgaat, zullen die
er zeker voor zorgen dat er wat kleur wordt gegeven aan het
leven van de mensen in de sloppenwijk.

Beste Caxton, ik ben nog niet te oud om geïnteresseerd te
zijn in de romantische kant naast alle tragische dingen in
Raymond. Er wordt aangenomen dat mejuffrouw Winslow
komend voorjaar zal trouwen met de broer van mejuffrouw
Page, die eens een belangrijke figuur is geweest in de uitgaans-
wereld en de clubs. Hij is in een tentsamenkomst tot bekering
gekomen, waar zijn aanstaande vrouw actief aan deelnam. Ik

ken niet alle details van deze kleine romance, maar ik denk dat er een interessant verhaal aan vastzit.

Dit zijn nog maar een paar voorbeelden van resultaten, in afzonderlijke levens, die zijn voortgekomen uit gehoorzaamheid aan de belofte. Ik had ook nog de bedoeling met de heer Marsh, hoofd van het Lincoln College, te spreken. Hij heeft aan dezelfde universiteit gestudeerd als ik en toen ik in mijn laatste jaar zat, kende ik hem oppervlakkig. Hij heeft een actieve rol gespeeld bij de verkiezingen die onlangs in Raymond zijn gehouden, en bij de komende verkiezingen wordt zijn invloed als heel belangrijk beschouwd. Net als van alle andere discipelen in de beweging, kreeg ik ook van hem de indruk dat hij voor heel moeilijke beslissingen heeft gestaan. En dat hij enkele lasten op zich heeft genomen die lijden hebben veroorzaakt en dat nog steeds doen. Dit is het lijden waarover Henry Maxwell spreekt; een lijden dat niet lichter wordt, maar eerder zwaarder en dat toch een zekere vreugde schenkt.

Maar deze brief wordt nog langer, ook al verveelt dat jou misschien. Ik kan niet ontkennen dat ik tijdens mijn verblijf hier steeds meer geboeid ben geraakt. Ik wil je vertellen over de bijeenkomst die vandaag weer in de Grote Kerk is gehouden.

Zoals ik al zei, heb ik Maxwell horen preken. Het was de eerste keer sinds een bijeenkomst van vier jaar geleden. Zijn preek van vanmorgen was nu heel anders. Hij heeft heel veel indruk op me gemaakt. Volgens mij heb ik zelfs een paar tranen gelaten, en anderen in de kerk waren net zo geraakt als ik. De tekst was: 'Wat gaat het u aan? Volg gij Mij.' Henry deed een zeer indrukwekkend beroep op de christenen van Raymond om Jezus te gehoorzamen en in zijn voetstappen te treden, wat anderen ook mogen doen. Ik kan je niet eens vertellen hoe de preek was opgezet. Dat zou te veel tijd kosten. Na de dienst werd de gebruikelijke bijeenkomst gehouden. Daar ko-

*men alle mensen samen die hebben beloofd te doen wat Jezus
zou doen. En tijdens dit samenzijn vertellen ze elkaar van alles
en worden er vragen gesteld over wat Jezus in bepaalde gevallen zou doen. Ook wordt er gebeden dat het gedrag van iedere
discipel bepaald zal worden door de Heilige Geest.*

*Henry had me gevraagd of ik bij deze bijeenkomst aanwe-
zig wilde zijn. En, Caxton, niets heeft mij tijdens mijn loop-
baan als predikant zo ontroerd als deze bijeenkomst. Ik heb
nog nooit eerder de tegenwoordigheid van de Heilige Geest
zo sterk ervaren. Het was een bijeenkomst vol herinneringen
en liefdevolle gemeenschap. Hij deed me sterk denken aan de
eerste jaren van het christendom. Er was iets apostolisch in dit
alles, in deze eenvoudige navolging van Christus.*

*Ik heb vragen gesteld. Eén daarvan, die meer interesse
scheen te wekken dan de andere, ging over het opofferen van
persoonlijke eigendommen. Henry zei dat er nog niemand is
geweest die, net als bijvoorbeeld de volgelingen van Francis-
cus van Assisi, alle aardse bezittingen en rijkdom heeft weg-
gegeven. Iedereen was het er echter over eens dat, als één van
de discipelen zou denken dat Jezus dat in zijn geval zou doen,
er maar één antwoord mogelijk was. Henry gaf toe dat hij tot
op zekere hoogte nog steeds onzeker was, waar het ging om
luxe en weelde in het dagelijks leven. Het is echter duidelijk
dat veel van deze discipelen in hun gehoorzaamheid aan Jezus
heel ver gegaan zijn en vaak grote financiële verliezen hebben
geleden. Het ontbreekt hun niet aan moed en ze zijn heel con-
sequent.*

*Het is ook een feit dat sommige zakenlieden grote bedra-
gen verloren hebben, omdat ze deden wat Jezus gedaan zou
hebben. Velen van hen hebben, net als Alexander Powers, een
goede baan verloren, omdat ze niet meer konden doen wat ze
vroeger deden. Ik vind het fijn om je in dit verband ook te kun-*

nen vertellen dat velen die op deze manier hebben geleden, direct financieel zijn geholpen door degenen die nog wel geld hebben. Ik geloof dat het in dit opzicht waar is dat deze disci-pelen alles gemeenschappelijk hebben. Ik heb nog nooit zoiets in mijn eigen of een andere gemeente gezien. Ik had nooit ge-dacht dat een dergelijke christelijke gemeenschap in deze tijd nog kon bestaan. Ik kon bijna niet geloven wat ik zag. Ik vraag me nog steeds af of dit werkelijk het einde is van de negen-tiende eeuw en niet de eerste.

Ik kan het niet laten me af te vragen wat de gevolgen zouden zijn als ik mijn eigen gemeente in Chicago vroeg om dezelfde gelofte af te leggen. Ik schrijf dit nadat ik de plechtige aanra-king van de Heilige Geest in mijn hart heb gevoeld. En ik moet je bekennen dat ik uit mijn gemeente geen tien zakenlieden of geleerde mannen zou kunnen opnoemen die deze beproeving zouden willen doormaken – die alles wat zij belangrijk vinden in de waagschaal zouden stellen. Weet jij in jouw gemeente meer mensen? Wat moeten we zeggen? Dat de kerken geen gehoor zouden geven aan de oproep: 'Kom en lijd'? Is onze richtlijn voor christelijk discipelschap verkeerd? Of houden we onszelf voor de gek en zouden we blij verrast worden als we onze gemeenteleden vroegen de belofte te doen? De resultaten van gehoorzaamheid aan de belofte hier in Raymond zouden iedere dominee doen beven, en tegelijkertijd zou hij verlangen dat zoiets ook in zijn eigen gemeente gebeurde. Ik heb nog nooit een gemeente gezien die zo buitengewoon door de Heilige Geest werd gezegend als de gemeente waar Henry Maxwell voor-ganger is. Maar... ben ik zelf bereid deze belofte te doen?

Dominee Bruce liet zijn pen op de tafel vallen. Hij was op een tweesprong in zijn leven gekomen, en hij wist zeker dat dit de vraag was van veel andere predikanten. Hij liep naar het raam en deed het open. De last van zijn geweten drukte zwaar. Hij had het gevoel dat hij bijna stikte. Hij wilde de sterren zien en de wind voelen.

Het was een heel rustige nacht. De klok van de Grote Kerk sloeg juist twaalf uur. Nadat de laatste slag was weggestorven, bereikte hem uit de richting van de Rectangle het geluid van een heldere, krachtige stem. Het was de stem van één van Grays bekeerlingen die als nachtwaker werkte in de pakhuizen. Hij vrolijkte zijn eenzame uren soms wat op met een paar coupletten van bekende liederen.

Draagt Jezus dan zijn kruis alleen
en is de wereld vrij?
Nee, er is een kruis voor iedereen
er is een kruis voor mij.

Calvin Bruce keerde zich om en knielde, na een kleine aarzeling, neer. 'Wat zou Jezus doen?' Daar draaide het om in zijn gebed. Nog nooit eerder had hij zich zo opengesteld voor de stem van de Heilige Geest. Lange tijd lag hij geknield. Daarna ging hij naar bed en sliep onrustig. Hij werd vaak wakker en stond voor dag en dauw op. Hij deed het raam weer open en terwijl het in het oosten lichter werd, herhaalde hij steeds weer: 'Wat zou Jezus doen? Zal ik in zijn voetstappen treden?'

De zon kwam op en overgoot de stad met haar kracht. Wanneer zal de dageraad van een nieuw discipelschap de overwinning aankondigen van een nauwere band met Jezus? Wanneer zal het christendom zorgvuldiger het pad betreden dat Hij heeft gelegd? Met deze vraag in zijn hart ging Calvin Bruce terug naar Chicago. De grootste crisis in zijn christenleven was onherroepelijk begonnen.

16
Nog een kerk

Toen Calvin Bruce uit de kamer achter het podium kwam en de preekstoel opging om de Bijbel open te slaan, zagen zelfs de mensen die hem het beste kenden niets ongewoons aan zijn manier van doen of aan zijn gezicht. De dienst verliep zoals altijd en zijn stem klonk vast en rustig. Zijn gebed was het eerste teken voor de mensen dat er iets nieuws of vreemds aan de hand was. Men kan wel zeggen dat de gemeente van de Nazareth Avenue Church hem in de twaalf jaar dat hij de gemeente diende, nog nooit zo had horen bidden. Maar hoe kan het ook anders, nu hij onlangs een revolutie in zijn geloofsleven had meegemaakt, waardoor zijn definitie over het volgen van Jezus volledig was veranderd? Niemand in de gemeente had er enig idee van dat de dominee – een waardig, beschaafd theoloog – enkele dagen geleden op zijn knieën had liggen huilen, en dat hij had gebeden om kracht en moed om die zondag zijn boodschap door te geven. Onbewust en onwillekeurig liet hij in zijn gebed iets merken van wat hij had doorgemaakt, iets waarvan zijn gemeente nog nooit had gehoord, en zeker niet vanaf de preekstoel.

'Ik ben net terug van een bezoek aan Raymond,' begon Bruce. 'Ik wil u een impressie geven van de geweldige beweging daar.'

Hij vertelde zijn gemeente wat hij in Raymond had gezien en de verhalen die hij had gehoord, zoals hij ze ook in zijn brief aan Caxton had opgeschreven.

'Beste vrienden,' zei hij vervolgens, en voor het eerst sinds zijn gebed was er iets van emotie te bespeuren in zijn stem en in zijn gebaren. 'Ik ga u, leden van deze kerk, vragen om dezelfde gelofte af te leggen als de gemeente in Raymond heeft gedaan. Ik weet wat dat voor u en mezelf zal betekenen. Het zal een volkomen verandering betekenen van veel gewoonten. Het zal misschien maatschappelijk verlies betekenen. Het zal, zeer waarschijnlijk, in veel gevallen financieel verlies betekenen. Het zal lijden betekenen. Het zal nu hetzelfde betekenen als in de eerste eeuw. En toen betekende dat lijden, verlies, ontbering en scheiding van alles wat onchristelijk was. Maar wat betekent het om Jezus te volgen? Het discipelschap wordt nu op dezelfde manier beproefd als toen. Iedereen die in deze kerk de gelofte aflegt, belooft eenvoudigweg in zijn voetstappen te treden, zoals Hij heeft geboden.'

Hij was even stil en het effect van zijn mededeling was duidelijk te merken aan het rumoer in de gemeente. Met een rustige stem voegde hij eraan toe dat degenen die de gelofte wilden afleggen achter konden blijven na de dienst.

Onmiddellijk begon hij met zijn preek. Het thema was: 'Meester, ik zal U volgen, waar Gij ook heengaat.' Het was een preek zoals iemand maar eens in zijn leven kan houden. En de mensen konden er de rest van hun leven mee verder.

De dienst eindigde met een stilte die langzaam werd verbroken. Hier en daar stonden mensen op, een paar tegelijk. De aarzeling bij het opstaan van sommigen was treffend.

Diezelfde avond, na de zondagavonddienst, sprak Bruce met zijn vrouw over de gebeurtenissen van die dag. Zij stond volkomen achter hem, en ze zagen hun nieuwe toekomst tegemoet met het geloof en de moed van nieuwe discipelen. Ze realiseerden zich allebei wat de resultaten van hun gelofte voor henzelf of de gemeente konden betekenen.

17
Het vuur slaat over

Er waren drie maanden voorbijgegaan, sinds Bruce die zondagochtend zijn boodschap over nieuw discipelschap had doorgegeven. Het waren maanden geweest van grote opwinding. Bruce had zich nog nooit eerder gerealiseerd hoe diep de gevoelens van zijn gemeenteleden waren. Maar hij was zelf niet tevreden. Zijn gevoelens en wat hem ertoe had gebracht de stap te ondernemen die zovelen had verbaasd, kan het beste worden uitgelegd aan de hand van het gesprek dat plaatsvond tussen hem en de bisschop van een andere kerk.

'Weet je waarom ik vanavond naar je toe ben gekomen?' vroeg de bisschop, nadat ze enige tijd hadden gesproken over de gevolgen van de gelofte die enkele leden van de Nazareth Avenue Church hadden afgelegd. Bruce keek zijn vriend aan en schudde zijn hoofd.

'Ik ben gekomen om je te vertellen dat ik mijn belofte om in zijn voetstappen te treden nog niet heb gehouden op een manier die strookt met wat "Jezus volgen" volgens mij betekent.'

'Edward,' zei Bruce abrupt, 'ik ben ook nog niet tevreden over de manier waarop ik de belofte probeer te houden. Maar ik heb wel mijn koers bepaald. En om die te houden, zal ik mijn ontslag moeten nemen.'

'Ik wist dat je dat zou doen,' antwoordde de bisschop rustig, 'en ik ben vanavond hierheen gekomen om te zeggen dat ik hetzelfde zal moeten doen.'

Bruce stond op en liep naar zijn vriend toe. Naast hun gezamenlijke worsteling voelden ze een onderdrukte opwinding.

'Is dat in jouw geval nodig?' vroeg Bruce.

'Ja. Ik zal je de reden geven. Waarschijnlijk is het ook jouw reden. Dat weet ik eigenlijk wel zeker.' De bisschop zweeg even en ging toen verder.

'Calvin, je weet hoe lang ik het werk al doe dat bij mijn positie hoort, en je kent de verantwoordelijkheid en voorzieningen die daarbij horen. Ik wil niet zeggen dat ik een zorgeloos leven heb gehad, zonder enig verdriet. Maar ik heb een leven geleid dat de arme en wanhopige burgers van deze zondige stad erg comfortabel zouden noemen, ja, erg luxe. Ik heb een prachtig huis gehad om in te wonen, het duurste eten, drinken, en lichamelijke genoegens. Ik heb minstens tien keer naar het buitenland kunnen gaan en heb jarenlang mogen genieten van prachtige kunst, literatuur, muziek en nog veel meer. Ik heb nooit geldgebrek gehad of iets dergelijks. En de laatste tijd ben ik niet in staat geweest om de vraag te negeren: "Wat heb ik om Christus' wil geleden?" Paulus werd verteld welke dingen hij moest lijden voor zijn Heer. In Raymond heeft Maxwell het bij het juiste eind als hij zegt dat wandelen in het voetspoor van Christus betekent dat je zult lijden. Hoe heb ik dan ooit geleden? De kleine probleempjes en ergernisjes van mijn leven als bisschop kun je eigenlijk geen verdriet of lijden noemen. Vergeleken met Paulus of één van de christelijke martelaren of de eerste discipelen heb ik een luxe en zondig leven geleid, vol gemak en plezier. Ik kan dit niet langer verdragen. In mij groeit een steeds sterkere veroordeling om op een dergelijke manier Jezus te volgen. Ik ben niet in zijn voetspoor getreden. In het huidige systeem van de kerk en het sociale

leven zie ik geen manier om onder deze veroordeling uit te
komen, behalve dan door het grootste deel van mijn leven
persoonlijk toe te wijden aan de lichamelijke en geestelijke
nood van de verdorven mensen in het slechtste deel van
deze stad.'

De bisschop was intussen opgestaan en naar het raam gelopen. De straat was verlicht alsof het klaarlichte dag was,
en hij keek naar de voorbijgangers. Daarna draaide hij zich
om. Met grote passie, vanwege het vuur dat in zijn binnen-
ste brandde, riep hij:

'Calvin, we wonen in een afschuwelijke stad. Ik ben ontzet door de ellende, de zonde en het egoïsme hier. En ik heb
jarenlang geworsteld met de angst voor het moment waarop ik de prettige luxe van een vaste baan zou moeten opgeven om in contact te komen met het moderne heidendom
van deze eeuw. In de afgelopen tijd heb ik vaak de woorden
van Jezus gehoord: "In zoverre gij dit aan één van deze min-
sten niet gedaan hebt, hebt gij het ook aan Mij niet gedaan."
Wanneer heb ik de gevangene, de wanhopige of de zondaar
opgezocht en daarvoor moeten lijden? In plaats daarvan heb
ik geleefd naar de gebruikelijke slappe gewoonten van mijn
positie, te midden van de rijke, beschaafde, aristocratische
leden van mijn gemeenten. Wanneer heb ik geleden? Wat
heb ik om Jezus' wil geleden? Weet je, Calvin,' hij draaide
zich plotseling om naar zijn vriend, 'ik had onlangs de nei-
ging om mezelf met een zweep te kastijden. Als ik in de tijd
van Maarten Luther had geleefd, had ik mijn rug ontbloot
om mezelf te folteren.'

Bruce zag heel bleek. Hij had de bisschop nog nooit zo
hartstochtelijk gezien of horen spreken. Er viel plotseling
een stilte in de kamer. De bisschop ging weer zitten en boog
zijn hoofd.

Ten slotte zei Bruce: 'Edward, ik hoef niet te zeggen dat je ook mijn gevoelens onder woorden hebt gebracht. Ik heb jarenlang hetzelfde gedaan als jij. Ik heb betrekkelijk veel weelde gehad in mijn leven. Natuurlijk wil ik niet zeggen dat ik geen beproevingen, ontmoedigingen en lasten heb gekend in mijn werk als predikant. Maar ik kan niet zeggen dat ik voor Jezus heb geleden. Dat vers in een brief van Petrus: "Want hiertoe zijt gij geroepen, daar ook Christus voor u geleden heeft en u een voorbeeld heeft nagelaten, opdat gij in zijn voetstappen zoudt treden", achtervolgt me.' Opnieuw viel er een stilte tussen de twee mannen. Het was geen alledaagse keuze die ze moesten maken. Ze waren allebei door dezelfde redenering tot dezelfde conclusie gekomen en ze waren te bedachtzaam – te zeer gewend om de gevolgen van hun handelingen te overwegen – om de ernst van hun situatie te onderschatten.

'Wat ben je van plan?' vroeg de bisschop ten slotte rustig en hij keek Bruce aan met een glimlach die zijn gezicht mooi maakte. Op het gezicht van de bisschop was nu iedere dag meer heerlijkheid te zien.

'Binnenkort ben ik van plan,' zei Bruce langzaam, 'om mezelf in het midden te plaatsen van de grootste menselijke nood die ik in deze stad kan vinden. Daar ga ik wonen. Mijn vrouw staat volledig achter me. We hebben besloten een huis te zoeken in dát deel van de stad waar we ons leven het beste kunnen gebruiken.'

'Mag ik een plaats voorstellen?' De bisschop was nu vol vuur. Zijn gezicht straalde van enthousiasme over de reis waar hij en zijn vriend aan waren begonnen. Hij legde Bruce een plan voor dat zoveel kracht en zulke verstrekkende gevolgen had, dat Bruce – intelligent en ervaren als hij was – verbaasd was over de visie van deze ziel die groter was dan de zijne.

Toen hun plan uiteindelijk praktisch uitvoerbaar werd, bestond het uit niets anders dan het huren en verbouwen van een groot gebouw – het vroegere pakhuis van een brouwerij. Ze zouden daar zelf gaan wonen... in een wijk waar de smerigste huizen stonden en waar verdorvenheid, onderontwikkeling, schande en armoede vreselijke vormen hadden aangenomen. Het was geen nieuw idee. Dit idee was begonnen bij Jezus Christus, toen Hij het huis van zijn Vader en al zijn rijkdom verliet om de zondige mens te verlossen. En voor Bruce en de bisschop leek dit idee het beste antwoord op hun verlangen om voor Christus te lijden. Dus zo trokken ze hun eigen conclusies, zonder anderen te veroordelen. Ze probeerden gewoon hun belofte na te komen, door datgene te doen waarvan ze oprecht geloofden dat Jezus het ook zou doen.

Hoe zouden ze zich tegen de gevolgen van hun idee kunnen verzetten, als ze onweerstaanbaar werden gedwongen te doen wat ze van plan waren!

De bisschop had zelf geld. Iedereen in Chicago wist dat hij een aardig fortuintje had. Doordat dominee Bruce boeken had geschreven voor zijn werk, had hij voldoende geld opzij kunnen leggen om van te leven. De twee vrienden besloten dat ze een groot deel van dit geld onmiddellijk in het werk zouden steken en voornamelijk in de inrichting van het tehuis.

18
Het visioen

Samen met Rachel Winslow, Virginia en Rollin Page, Alexander Powers en Donald Marsh kwam Henry Maxwell naar Chicago. Ze gingen naar een bijzondere bijeenkomst die door de bisschop en dominee Bruce was georganiseerd. De twee mannen hadden Maxwell en zijn medediscipelen ervan overtuigd dat ze deze bijeenkomst moesten bijwonen.

Voor de bijeenkomst van die avond waren allerlei mensen uitgenodigd. Mannen zonder werk, verdorven mensen die het geloof in God en de mens kwijt waren, anarchisten, goddelozen, vrijdenkers en mensen die gewoon níet nadachten. Aan het begin van de bijeenkomst werden Henry Maxwell en de andere discipelen geconfronteerd met een vertegenwoordiging van de slechtste, meest hopeloze, gevaarlijke en verdorven omstandigheden in de stad. De Heilige Geest ging door de grote, egoïstische, genotzuchtige, zondige stad. De hele stad lag in Gods handen, niet wetend wat haar nog te wachten stond. Elke man en vrouw die die avond bij de bijeenkomst was geweest, had het bord boven de deur van het gebouw gezien: 'Wat zou Jezus doen?'

Toen Henry Maxwell voor het eerst naar binnen was gegaan, waren zijn emoties dieper geraakt dan in lange tijd was gebeurd. Hij dacht aan de eerste keer dat deze vraag bij hem was gekomen, in de vorm van een erbarmelijke oproep van de jonge zwerver die tijdens de dienst in de Grote Kerk in Raymond was verschenen.

Die avond voerde Maxwell het woord, en waarschijnlijk had hij nog nooit zo'n menigte voor zich gehad als in dat tehuis. In Raymond was er niet zo'n grote verscheidenheid aan mensen. Zelfs als de Rectangle op zijn slechtst was, waren er niet zoveel mannen en vrouwen die volledig buiten het bereik waren van de kerk en alle religieuze, zelfs christelijke, invloeden.

In de simpelste taal sprak Maxwell die avond over een aantal gevolgen van de gelofte zoals die in Raymond was afgelegd. Elke aanwezige man of vrouw wist wel iets over Jezus Christus. Iedereen had een beeld van zijn karakter. En hoe bitter ze ook waren geworden door de christelijke kerkvormen of het sociale systeem, toch hadden ze nog iets aan normen en waarden overgehouden. En dat kleine beetje dat ze nog hadden, kwam van de Man die door Galilea had gezworven.

Ze waren dus geïnteresseerd in de vraag die Maxwell stelde: 'Wat zou Jezus doen?' Nadat hij klaar was met het verhaal over Raymond, paste hij de vraag toe op de maatschappelijke problemen in het algemeen. De mensen luisterden aandachtig. Maar het was meer dan dat. Ze waren oprecht geïnteresseerd. Naarmate Maxwell verder sprak, leunden de mensen luisterend voorover zoals zelden wordt gezien in een kerk of ergens anders, behalve onder arbeiders of de mensen op de straat als ze echt geïnteresseerd zijn. 'Wat zou Jezus doen?' Stel dat dat niet alleen het motto zou zijn van de kerken, maar ook van zakenlieden, politici, journalisten, arbeiders en de mensen uit hogere klassen – hoe lang zou het met zo'n maatstaf duren om de wereld te veranderen? Wat was het probleem van de wereld? Zelfzucht. Niemand die ooit op aarde heeft geleefd, heeft zelfzucht overwonnen, behalve Jezus. Als de mensen Hem zouden volgen, ongeacht de gevolgen, dan zou de wereld gelijk kunnen genieten van een complete vernieuwing.

Toen hij naar Chicago ging, was Maxwell van plan geweest om de volgende zondag weer in Raymond in zijn eigen gemeente te spreken. Maar vrijdagochtend werd hij opgebeld door de predikant van één van de grootste kerken in Chicago. Deze vroeg hem of hij zowel 's morgens als 's avonds in zijn kerk wilde spreken.

Tijdens zijn verblijf in Chicago was zijn wantrouwen gegroeid dat de meeste kerken de gelofte niet zouden afleggen. Was dit waar? Waren de christenen van Amerika niet bereid hun Meester werkelijk te volgen? Durfde hij hen daarmee te confronteren en hen op te roepen wél in zijn voetspoor te treden?

De zaterdagavond bracht hij bijna geheel in gebed door, en ook de nacht die volgde. Hij had nog nooit zoveel strijd ervaren, zelfs niet tijdens de moeilijkste momenten in Raymond. Zijn eigen definitie van discipelschap werd op de proef gesteld, en God leidde hem naar een diepere waarheid.

Zondagochtend zat de kerk in Chicago stampvol. Henry Maxwell, die na zijn nachtwake de preekstoel opging, kon de grote nieuwsgierigheid van de mensen voelen. Net als alle andere kerken hadden ook zij van de beweging in Raymond gehoord.

Eerst vertelde hij in het kort iets over de gevolgen van de belofte in zijn eigen gemeente. Vervolgens ging hij verder met de vraag die hij zichzelf voortdurend had gesteld na de bijeenkomst in het tehuis van dominee Bruce en de bisschop. Hij had het thema voor zijn preek gebaseerd op het verhaal van de jongeman die bij Jezus kwam met de vraag wat hij moest doen om het eeuwige leven te beërven. Jezus had hem op de proef gesteld: 'Ga heen, verkoop al wat gij hebt en geef het aan de armen, en gij zult een schat in de hemel hebben, en kom hier, volg Mij.' Maar de jongeman was niet bereid zoveel te lijden. Als het volgen van Jezus inhield dat hij op die manier moest lijden, dan wilde hij dat niet. Hij wilde Jezus best volgen, maar niet als hij zoveel moest opgeven.

'Is het waar?' vervolgde Henry Maxwell, die een kleur had gekregen. Hij deed zó'n vurig beroep op de mensen, dat ze getroffen werden als nooit tevoren. 'Is het waar dat de kerk van tegenwoordig, de kerk die naar Jezus Christus Zelf is genoemd, zou weigeren Hem te volgen als dat lichamelijk of geestelijk lijden zou betekenen? Of als het ten koste zou gaan van dingen die slechts tijdelijke waarde hebben? Tijdens een bijeenkomst in het tehuis vorige week maakte een opzichter de opmerking dat het geen zin had je tot de kerk te wenden. Waarop was deze bewering gebaseerd? Eenvoudigweg op de veronderstelling dat de kerk voor het grootste deel uit mensen bestaat die meer aan hun eigen weelde en gemak denken dan aan het lijden, de dood en de zonde van de mensheid. In hoeverre is dat waar? Zijn christenen bereid hun discipelschap te beproeven? Hoe zit het met degenen die erg veel bezitten? Zijn zij bereid hun bezit te gebruiken zoals Jezus dat zou doen? Hoe zit het met mannen en vrouwen die grote talenten hebben? Zijn zij bereid om deze talenten in te zetten voor de mensheid, zoals Jezus ongetwijfeld ook zou doen?

Zijn we in deze tijd niet geroepen opnieuw te tonen wat christelijk discipelschap is? U, die in deze grote, zondige stad woont, moet dat beter weten dan ik. Kunt u zorgeloos uw weg vervolgen, zonder aan de afschuwelijke situatie van mannen, vrouwen en kinderen te denken, die zo dringend

christelijke hulp nodig hebben? Maakt u zich geen zorgen
dat er door de drank duizenden mensen sterven, nog zekerder dan door oorlog? Lijdt u er niet onder dat duizenden
sterke mannen in deze en alle andere steden rondzwer-
ven, op zoek naar werk dat ze graag zouden willen doen?
En dat ze tot misdaad en zelfmoord worden gedreven omdat ze geen werk kunnen vinden? Kunt u zeggen dat het u
niet aangaat? Kunt u zeggen dat iedereen maar voor zichzelf
moet zorgen? Als iedere christen in Amerika zou doen wat
Jezus zou doen, denkt u dan niet dat de maatschappij, de zakenwereld, ja zelfs het politieke systeem – waarbinnen alle
regerings- en handelsactiviteiten plaatsvinden – zodanig
zouden veranderen, dat menselijk lijden tot een minimum
wordt teruggebracht?

Hoe wordt discipelschap beproefd? Is het niet op dezelfde
wijze als toen Christus op aarde was? Heeft onze omgeving
de test gemakkelijker gemaakt of veranderd? Als Jezus hier
nu was, zou Hij dan niet sommige leden van deze kerk vragen hetzelfde te doen als Hij de jongeman opdroeg, en vragen hun rijkdom op te geven en Hem letterlijk te volgen?

Wat zou er in deze stad gebeuren als iedere kerkganger
ging doen wat Jezus zou doen? De gevolgen gaan ons verstand te boven! We weten allemaal dat bepaalde dingen die
kerkleden nu nog doen, dan niet meer zouden kunnen. Wat
zou Jezus doen met rijkdom? Hoe zou Hij die gebruiken?
Volgens welk principe zou Hij geld uitgeven? Is het waarschijnlijk dat Hij in grote weelde zou leven en voor zijn eigen gemak en plezier tienmaal zoveel zou uitgeven als voor
hulp in de nood van de mensheid? Wat voor regels zou Jezus toepassen als Hij geld verdiende? Zou Hij zijn panden
verhuren als kroeg?

In christelijk discipelschap moet het persoonlijke element

heel sterk zijn. 'Wat is een gave zonder de gever?' Christendom dat niet tot lijden bereid is, is niet het christendom van
Christus. Elke christen moet in zijn voetstappen het pad
van persoonlijke opoffering betreden. En dat pad is nu niet
anders dan in Jezus' tijd. Het is nog steeds hetzelfde pad.
Het is een oproep tot vernieuwd discipelschap, een nieuw
volgen van Jezus, dat méér lijkt op het vroege, apostolische
christendom, in de tijd dat de discipelen alles achterlieten
en de Meester letterlijk volgden. Behalve een dergelijk discipelschap kan niets het verwoestende egoïsme van deze
tijd overwinnen. Er is zoveel naamchristendom in deze tijd.
We hebben meer écht christendom nodig. We hebben een
opwekking nodig binnen het christendom. Door luiheid en
egoïsme zijn we ongemerkt in een vorm van discipelschap
terechtgekomen die Jezus zelf niet zou erkennen. Tegen velen van ons die 'Here, Here' roepen, zou Hij zeggen: 'Ik ken
u niet'. Zijn wij bereid het kruis op ons te nemen?

Houdt onze definitie van christen-zijn alleen maar in
dat we 's zondags naar de kerk gaan en vrijgevig zijn op een
manier die ons niets kost? Of is ons leven als het prachtige
lied: 'Neem mijn leven, laat het Heer, toegewijd zijn aan uw
eer. Neem mijn zilver en mijn goud, dat ik niets daarvan
behoud...' Als we dit naar waarheid kunnen zingen, kunnen we onszelf discipelen noemen. Maar als we een rustig
leven leiden, omringd zijn door aardige vrienden en luxe;
als we een fatsoenlijk, keurig leven leiden en tegelijkertijd
alle nood vermijden van de zonde en moeilijkheden in de
wereld, omdat het te pijnlijk is om daar naar om te kijken –
als dit onze definitie van christen-zijn is, dan staan we nog
een heel eind af van zijn voetstappen. De voetstappen van
Hem die de weg ging, zuchtend, huilend en snikkend van
smart om een verloren mensheid, Die grote druppels bloed

zweette en aan het kruis uitriep: 'Mijn God, mijn God, waarom hebt Gij Mij verlaten?'

Zijn we bereid volgens een nieuw discipelschap te leven? Zijn we bereid eens goed na te denken over onze definitie van een christen? Christen-zijn wil zeggen: doen wat Hij zou doen. Het wil zeggen: in zijn voetstappen treden.'

Toen Maxwell klaar was met zijn preek, wachtte hij even en keek de mensen aan met een blik die ze nooit zouden vergeten. In die nette kerk zaten mensen die jaren het gemakkelijke, tevreden leven van naamchristenen hadden geleid. Er viel een grote stilte in de gemeente. Door de stilte werd iedereen zich bewust van de aanwezigheid van God, iets wat al jaren niet was gebeurd. Iedereen verwachtte dat de dominee de mensen zou oproepen om ook de gelofte af te leggen. Maar Maxwell werd door de Heilige Geest geleid het bij deze boodschap te laten en de gevolgen af te wachten.

Maxwell besloot de dienst met een gebed uit het diepst van zijn hart, waardoor de goddelijke Tegenwoordigheid nog lang door iedere toehoorder werd ervaren. De mensen stonden langzaam op om naar buiten te gaan.

Toen volgde een tafereel dat onmogelijk zou zijn geweest als Maxwell in eigen kracht zou hebben geprobeerd resultaten te behalen. Mannen en vrouwen kwamen in grote drommen naar het podium waar Maxwell stond en vertelden hem dat ze de gelofte wilden afleggen. Ze kwamen spontaan en vrijwillig, en het overviel Maxwell. Maar had hij hier niet om gebeden? Zijn gebed werd rijkelijk verhoord.

Er volgde een bidstond die op die eerste bidstond in Raymond leek. Tegen het einde kwam er een onbeschrijfelijke geestelijke doop over de bijeenkomst, die de mensen diep trof en veel blijdschap schonk.

Het was een opmerkelijke dag in de geschiedenis van de

gemeente, maar ook in het leven van Henry Maxwell. Hij ging pas heel laat weg.

Zoals altijd voordat hij ging slapen, knielde hij om te bidden. En terwijl hij zo geknield lag, kreeg hij een visioen over wat er in de wereld kon gebeuren als het vernieuwde discipelschap was doorgedrongen tot het bewustzijn en het geweten van het christendom. Hij wist dat hij klaarwakker was, en toch leek het alsof hij heel duidelijk resultaten zag – deels als werkelijkheid in de toekomst, deels als diepe verlangens die hij graag vervuld zou zien.

In zijn visioen zag hij eerst zichzelf. Hij ging terug naar de Grote Kerk in Raymond en leidde daar een eenvoudiger leven. Hij verloochende zichzelf meer dan hij tot nu toe had gewild, omdat hij manieren zag waarop hij anderen kon helpen die écht van hem afhankelijk waren. Hij zag ook, minder scherp, dat er een tijd zou komen waarin hij als predikant van de gemeente meer zou gaan lijden, doordat er meer tegenstand zou komen tegen zijn interpretatie van Jezus en wat Hij zou doen. Maar dit zag hij slechts vaag. Tijdens dit alles hoorde hij de woorden: 'Mijn genade is u genoeg.'

Hij zag Rachel Winslow en Virginia Page, die doorgingen met het werk in de Rectangle. Ze strekten liefdevolle, helpende handen uit tot ver buiten Raymond. Hij zag dat Rachel getrouwd was met Rollin Page. Ze waren allebei volkomen toegewijd aan hun Meester en traden beiden in zijn voetstappen met een verlangen dat werd versterkt en gezuiverd door hun liefde voor elkaar. En Rachels stem zong maar door, in sloppenwijken en op donkere plaatsen vol wanhoop en zonde, en ze trok verloren zielen weer tot God en de hemel.

Hij zag hoe Donald Marsh, het hoofd van het Lincoln College, zijn grote invloed en geleerdheid gebruikte om de stad te zuiveren, om haar vaderlandsliefde oprechter te maken en om de jonge mannen en vrouwen die van hem hielden te inspireren tot een leven van christelijke dienstbaarheid. Altijd hield hij hun voor dat ontwikkeling de grote verantwoordelijkheid met zich meebracht om voor zwakken en minderbedeelden te zorgen.

Hij zag hoe Alexander Powers pijnlijke beproevingen doormaakte in zijn gezinsleven. Hij zag het verdriet dat Powers had omdat hij en zijn vrouw uit elkaar groeiden, en omdat hij van zijn vrienden vervreemdde. Toch ging hij zijn weg op een bewonderenswaardige manier en met al zijn krachten diende hij de Meester die hij gehoorzaamde, ook al leed hij daardoor maatschappelijk en financieel verlies.

Hij zag Milton Wright, de zakenman, die met veel tegenslagen te maken kreeg. Buiten zijn eigen schuld om werden zijn winkels door verschillende omstandigheden geruïneerd. Maar hij kwam als een eervol christen uit de strijd, begon opnieuw en werkte zich op tot een positie waarin hij weer honderden jongemannen een voorbeeld kon geven van wat Jezus zou doen in het zakenleven.

Hij zag hoe Edward Norman, de uitgever van de *News*, door het geld van Virginia een kracht in de journalistiek introduceerde die na een bepaalde tijd werd erkend als één van de factoren die de principes en zelfs de politiek van het land beïnvloedden. De krant werd een dagelijkse illustratie van de macht van christelijke pers.

Nu werd het visioen wat minder duidelijk. Het was meer een verlangen voor de toekomst dan echt de werkelijkheid. Een verlangen voor de gemeente van Christus in de stad en in het hele land! Zou zij Jezus volgen? Zou de beweging die in Raymond was begonnen zich tot een paar kerken uitbreiden en daarna doodbloeden als een plaatselijke beweging? Zou het blijven bij een druppel op de gloeiende plaat, zonder diepgaande gevolgen? Bij dit visioen voelde hij zijn onrust weer. Hij zag dat de gemeente van Jezus in Amerika haar hart opende voor de Geest. Ze legde alle gemakken en zelfzucht af, in de naam van Jezus. Hij zag het motto 'Wat zou Jezus doen?' boven elke kerkdeur, en in het hart van elk gemeentelid.

Het visioen verdween, maar het kwam weer duidelijker dan ooit tevoren terug. Hij zag jonge mensen over de hele wereld, die in een geweldige optocht tijdens een enorme bijeenkomst een spandoek droegen, waarop te lezen was: 'Wat zou Jezus doen?' Hij meende op het gezicht van al die jonge mannen en vrouwen vreugde te zien over het komende lijden, het verlies en het martelaarschap. En toen ook dit deel van het visioen vervaagde, zag hij de figuur van de Zoon van God, die hem en alle andere spelers uit de geschiedenis van zijn leven wenkte. Er klonk een geluid als van vele stemmen en een kreet als van een grote overwinning. Jezus kreeg steeds meer heerlijkheid en stond aan het einde van een lange trap. 'Ja, ja! O Meester, is de tijd niet gekomen voor het begin van het duizendjarig rijk van de christelijke geschiedenis? O, schijn met uw licht en waarheid in het christendom van deze tijd. Help ons U overal te volgen!'

Ten slotte stond hij op, vervuld met het ontzag van iemand die hemelse dingen heeft gezien. Hij voelde als nooit tevoren de menselijke krachten en zonde van de wereld. En vol hoop, die samengaat met geloof en liefde, ging Henry Maxwell, de discipel van Jezus, slapen. Hij droomde van de wedergeboorte van het christendom, en in zijn droom zag hij de gemeente van Jezus Christus 'zonder vlek of rimpel of iets dergelijks', die Hem overal volgde en gehoorzaam in zijn voetstappen trad.

BON

In zijn voetspoor

Zo, dit was weer een Gideonboek!

Als u de smaak te pakken hebt, wilt u vast nóg eens iets van Gideon lezen. Het is dan prettig te weten welke boeken er verschijnen.
Als u uw naam en adres opgeeft, krijgt u regelmatig uitvoerige informatie over de nieuwe Gideonboeken. Het kost u bijna niets, behalve enige moeite om deze bon in te vullen en op te sturen.

❒ Ik ontvang graag eenmalig de catalogus.
❒ Ik ontvang graag ieder jaar de catalogus.
❒ Ik ontvang graag regelmatig de digitale nieuwsbrief.

Achternaam: _____

Voorletter(s): _____ (m/v) _____

Adres: _____

Postcode: _____

Woonplaats: _____

Telefoon: _____

E-mail: _____

In een gefrankeerde envelop doen en opsturen naar:

Uitgeverij Gideon
Dorpsweg 3
4223 NA Hoornaar
(Nederland)

www.gideonboeken.nl